AF220343

Sven Jast

ANDERS UND DOCH NUTZBAR

ERKENNTNISSE ZUR NEUEVANGELISIERUNG AUS MEINER REISE NACH KANADA UND IN DIE USA

Bibliografische Information der Deutschen Nationalbibliothek:
Die Deutsche Nationalbibliothek verzeichnet diese Publikation in der Deutschen Nationalbibliografie; detaillierte bibliografische Daten sind im Internet über http://dnb.dnb.de abrufbar.

Herstellung und Verlag: BoD – Books on Demand, Norderstedt

ISBN: 978-3-7562-0341-3

Soli Deo Gloria –

Allein Gott zur Ehre

1. Inhaltsverzeichnis

2. Einleitung

Vom 12. September bis zum 29. Oktober 2019 reiste ich im Rahmen eines halben Sabbatjahres nach Kanada und in die USA, um anhand von unterschiedlichen Kirchen und Begegnungen Impulse für die Neuevangelisierung[1] zu erhalten. Die hauptsächlichen christlichen Stationen waren die pfingstlerische *Catch the fire Church* in Toronto (Kanada), die römisch-katholische Pfarrei *Church of the Nativity* in Baltimore/Maryland (USA) und die pfingstlerische *Bethel Church* in Redding/Kalifornien (USA). Daneben war ich noch ein paar Tage in San Francisco.

Die Eindrücke meiner Reise, die ich in meinem Reiseblog https://kanadaundusa.jimdofree.com festgehalten habe[2], möchte ich hiermit systematisieren und theologisch reflektieren. Dies soll auf folgende Weise geschehen:

Im anschließenden **3. Kapitel** geht es mir hauptsächlich darum, die einzelnen Gemeinden vorzustellen und deren einzelne Aktivitäten sowie andere Dinge zu systematisieren. Mit einem persönlichen Fazit am Ende zu jeder Gemeinde sowie einem größeren Fazit am Ende des 3. Kapitels möchte ich wesentliche Erkenntnisse zusammenfassen und zugleich theologisch aufbereiten.

Im **4. Kapitel** möchte ich weitere Punkte zusammentragen und reflektieren, die mich während meiner Zeit in Nordamerika hinsichtlich der Neuevangelisierung beschäftigt haben.

Kapitel Nr. 5 bildet ein kurzes Schlussfazit und im **Quellenverzeichnis** finden sich die verwendeten Quellen sowie weiterführende Verweise.

---

[1] Ich verwende hier die Fachausdrücke *Neuevangelisierung* und *Evangelisierung* als Begrifflichkeiten für die Tätigkeit der Glaubensverbreitung, -erneuerung und -vertiefung synonym, da sie in der Pastoral letztlich nicht zu differenzieren sind.
[2] S. https://kanadaundusa.jimdofree.com (aufgerufen am 08.04.2022, 21.59 Uhr).

3. Die einzelnen Gemeinden

3.1 Die *Catch the fire Church* (*CTF*) in Toronto (Kanada)

Die Geschichte dieser Freikirche ist mit einer Erweckung verbunden, die zur Gründung dieser Freikirche und ihrer Ausbreitung auf der ganzen Erde geführt hat[3]. Die *CTF*[4] orientiert sich in ihrem Glauben an den alt-kirchlichen Glaubensbekenntnissen[5].

Abb. 1: Die **Catch The Fire Church** *in Toronto (Attwell Centre)*

Beim Thema der Nachfolge Jesu, also der **Jüngerschaft**, geht es darum, im (Glaubens-)Leben zu wachsen[6]. Hierzu dienen u. a. die *CTF*-Konferenz (zu der ich angereist war) und die Newcomer-Sessions[7]. Der Weg der Jüngerschaft ist „Welcome [...] Connect [...] Grow [...] Lead"[8].

Zur Verkündigung (**Martyria**) ist über deren bereits genannten Aspekte bei der Jüngerschaft noch Folgendes festzuhalten: Mit Blick auf die Bildung existieren unterschiedliche Möglichkeiten[9] sowie die *School of Ministry*[10], die z. B. auch Schulungen für kirchliche LeiterInnen anbietet[11].

---

[3] Vgl. https://ctftoronto.com/about (aufgerufen am 07.04.2022, 21.40 Uhr).

[4] Vgl. https://ctftoronto.com (aufgerufen am 07.04.2022, 21.35 Uhr).

[5] Vgl. dazu https://ctftoronto.com/catholic-church/?rq=catholic%20church (aufgerufen am 07.04.2022, 21.35 Uhr) und https://ctftoronto.com/about (aufgerufen am 07.04.2022, 21.40 Uhr).

[6] Vgl. https://ctftoronto.com/nextsteps (aufgerufen am 07.04.2022, 21.25 Uhr).

[7] S. a. https://ctftoronto.com/events (aufgerufen am 07.04.2022, 21.20 Uhr).

[8] https://ctftoronto.com/nextsteps (aufgerufen am 07.04.2022, 21.25 Uhr). Übersetzung S. J.: „[Sei] willkommen [...] Verbinde dich [...] Wachse [...] Leite."

[9] Vgl. hierzu https://ctftoronto.com/events (aufgerufen am 07.04.2022, 21.20 Uhr).

[10] Vgl. https://somtoronto.com (aufgerufen am 07.04.2022, 21.55 Uhr).

[11] Vgl. dazu https://somtoronto.com/leadersschool (aufgerufen am 07.04.2022, 22.15 Uhr).

Abb. 2: Lobpreis bei der CTF-Konferenz 2019

Zur **Liturgie**: Zwei Gottesdienste am Sonntag werden genannt (9.00 Uhr und 11.15 Uhr)[12].

Der Gottesdienst, den ich am Sonntag besuchte, war folgendermaßen aufgebaut: Als erstes wurden etwa 30 min Lobpreis gehalten mit aktuellen Liedern, die eine Band spielte und von den Leuten mitgesungen wurden. Danach gab es ca. 45 min eine Predigt. Anschließend konnten v. a. diejenigen Menschen persönlich durch das *Ministry-Team* (= Gebetsteam) für sich beten lassen, die von einem bestimmten Aspekt der Predigt betroffen waren (aber natürlich konnten auch sonst alle Gebet empfangen, die es wollten)[13]. Der Rest der Gottesdienstbesucher war frei zu gehen oder im Café Eis essen (Letzteres wurde auf der Leinwand beworben).

Darüber hinaus existieren im Bereich der **Diakonie** verschiedene Dienste für unterschiedliche Zielgruppen[14]. Im Verlauf der *CTF*-Konferenz wurde auch z. B. von einer Stadtteilparty gesprochen, auf der die Kinder die Ausstattung für die Schule gestiftet bekamen.

Die **Kultur** dieser pfingstlerischen Gemeinde lässt sich anhand ihrer Werte beschreiben: „Gegenwart [...] Begegnung [...] Veränderung"[15].
Darüber hinaus gibt es weitere Feststellungen mit Blick auf die dortige Kultur zu treffen: Kennzeichnend schon von der Geschichte dieser Gemeinde her ist das Willkommensein des Hl. Geistes, wie uns der ehemalige Hauptpastor John Arnott bei der *CTF*-Konferenz erzählte. In der Tat: Der Hl. Geist wurde besonders oft eingeladen zu kommen.

---

[12] Vgl. hierzu https://ctftoronto.com/airport (aufgerufen am 07.04.2022, 21.35 Uhr).

[13] Zum Aufbau der Gottesdienste s. https://ctftoronto.com/airport/faqs (aufgerufen am 07.04.2022, 21.40 Uhr).

[14] Vgl. dazu https://ctftoronto.com/nextsteps (aufgerufen am 07.04.2022, 21.25 Uhr).

[15] https://ctftoronto.com/about (aufgerufen am 07.04.2022, 21.40 Uhr); Übersetzung: S. J.

Bei meinem Besuch wurde betont, dass das Wirken des Hl. Geistes nicht unbedingt an äußerlichen Zeichen sichtbar sein muss. Auch wurde deutlich gemacht, dass es keine Scham zu geben braucht.

Letztlich handelt es sich bei der Kultur der *CTF* um eine Kultur, die zunächst theozentrisch – genauer gesagt: pneumatozentrisch ist (= mit Betonung auf den Hl. Geist) – sich dann aber durchaus um Menschen kümmert und ihnen auch den Dreifaltigen Gott nahebringt.

Zur Gemeinschaft (**Communio/Koinonia**) gehören z. B. Frauentreff, Männerfrühstück, Familientreff sowie ein Treff für Junge Erwachsene. Es gibt ebenso Camps und Ausflüge/Reisen[16].

Ökumene: Die Gemeinde ist auch Ort eines katholisch-pfingstlerischen Dialoges[17]. Es gibt zudem Verbindungen zu anderen Freikirchen[18], wie z. B. zur *Bethel Church* in Redding/Kalifornien (s. a. Kapitel 3.3) oder zu *IRIS Ministries* in Mozambique.

Sonstiges zum Leben der *CTF Church*: Es existiert ein Programm, Gemeinden zu gründen[19]. Unterstützer sind die sog. *World Changers*, die monatlich ab 25 CADs spenden, wobei das Geld dann möglichst Aktionen in den jeweiligen Spenderländern zur Verfügung gestellt wird[20].

Werfen wir noch einen Blick auf die **Gebäude**: Das Hauptgebäude mit dem Namen *Attwell Centre* beherbergt – soweit ich es überblicken konnte – den riesigen Gottesdienstraum, der mit bequemen Stühlen, zwei Videoleinwänden, einer aktuellen Licht-, Video-, Kamera- und Audiotechnik (für

---

[16] Zu Events s. https://ctftoronto.com/events (aufgerufen am 07.04.2022, 21.20 Uhr).
[17] Zum Verhältnis der *CTF* zur Katholischen Kirche vgl. https://ctftoronto.com/catholic-church/?rq=catholic%20church (aufgerufen am 07.04.2022, 21.35 Uhr).
[18] Vgl. dazu kurz https://www.catchthefire.com/integration (aufgerufen am 07.04.2022, 22.15 Uhr).
[19] Vgl. hierzu https://ctftoronto.com/lead (aufgerufen am 07.04.2022, 21.30 Uhr).
[20] Zu den *World Changers* vgl. https://catchthefire.com/world-changers (aufgerufen am 07.04.2022, 21.50 Uhr). Spendenmöglichkeiten werden ebenso aufgezeigt in https://ctftoronto.com/giving (aufgerufen am 07.04.2022, 21.50 Uhr).

ca. 60.000 €; die Kameratechnik dient ebenso der Livestream-Übertragung), bequemem Teppichboden (manche gehen darauf auch barfuß bzw. liegen vom Hl. Geist berührt auf dem Boden) und Klimaanlage ausgestattet ist. Der Raum kann nach hinten erweitert werden.

Im Anschluss an den Hauptraum befinden sich eine Lounge mit Infostand für neue BesucherInnen, die *Attwell*-Buchhandlung, ein Café, das Restaurant, der Info-Desk und im ersten Stock die Büros samt Kinderkirchenraum.

Die Außenfront (s. *Abb. 1*) wird durch einen Spruch in Großbuchstaben geschmückt: „ENCOUNTER GOD'S TRANSFORMING PRESENCE" – dies ist auch die Mission von *CTF*[21].

Es existiert ein Nebengebäude, in der die bereits erwähnte *School of Ministry* untergebracht ist.

Darüber hinaus gibt es einen großen Parkplatz und eine kleine Wiese, die fürs Picknick auf dem Boden oder an Tischen geeignet ist.

Mein persönliches Fazit zu meiner Zeit in Toronto: Alles in allem ist die *CTF* seit der Erweckung 1994 nicht nur gewachsen, sondern hat das Feuer des Hl. Geistes durch die geistfreundliche, pneumatozentrische Lebensweise immer noch behalten können.

Weil der Hl. Geist, also Gott, dort schon über 25 Jahre lang Außergewöhnliches vollbringt, ist die Gemeinde zudem mit einer gesunden Art von Realismus ausgestattet. Die Mitglieder der *CTF*, mit denen ich gesprochen habe und die teilweise bereits seit Beginn mit dabei waren, sind wirklich keine durchgeknallten Schwärmer, sondern bodenständige Menschen! Die Vorgänge dort sind wissenschaftlich untersucht worden und können daher nicht einfach als verrückt abgetan werden, auch wenn sie natürlich umstritten sein können[22].

Ich konnte in Toronto v. a. die primäre Ausrichtung auf Gott wahrnehmen. Sprich: Gott ist die Hauptsache, alles andere Peripherie. Ich stelle mir die

---

[21] Übersetzung S. J.: „BEGEGNE GOTTES VERWANDELNDER GEGENWART" (s. a. normalformatiert in: https://ctftoronto.com/about (aufgerufen am 07.04.2022, 21.40 Uhr)).
[22] Vgl. hierzu als guten Überblick http://www.relinfo.ch/toronto/info.html (aufgerufen am 07.04.2022, 21.50 Uhr).

Frage: Wie ist das bei uns in unserem eigenen Leben, in der Pfarrei, in unserer Kirche in Deutschland?

Darüber hinaus durfte ich selbst Gott in Toronto auf ganz neue und mich sehr bewegende Weise erfahren und bin dafür sehr dankbar.

3.2 Die katholische Pfarrei *Church of the Nativity* in Baltimore/Maryland (USA)

Abb. 3: Die **Church of the Nativity** *(Cafeteria)*

Die römisch-katholische Pfarrei *Church of the Nativity*[23] in Baltimore hat als sog. Mission-Statement „Love God. Love Others. Make Disciples"[24] – übersetzt (S. J.): „Liebe Gott. Liebe Andere. Mache JüngerInnen".

Die Pfarrei legt ihren Schwerpunkt auf das Wochenende. Es geht hierbei darum, dass die Menschen ein wunderschönes Wochenenderlebnis haben, das sie anzieht[25] – aber letztlich wird der ganze Aufwand nur betrieben, um Menschen näher zu Gott zu bringen.

Der Weg der **Jüngerschaft** wird, so hat es mir ein Mitarbeiter erzählt, mit **STEPS**[26] abgekürzt:

- **Serve** (einen Dienst übernehmen; gerade durch einen verantwortungsvollen Dienst soll auch eine Bindung zur Gemeinde und eine Verantwortung für sie hergestellt werden),
- **Tithe** (Geben: Spenden),
- **Engage** (an Kleingruppen, sog. *small groups* teilnehmen),
- **Practice** (den Glauben ausüben durch Gottesdienst und Gebet – hier hilft auch eine tägliche Andacht, die über die *Nativity*-App[27] verfügbar ist),

---

23 Vgl. www.churchnativity.com (aufgerufen am 08.04.2022, 22.00 Uhr).

24 https://www.churchnativity.com/about/ (aufgerufen am 08.04.2022, 22.57 Uhr).

25 S. a. ebd. Ausführlich zum Wochenende vgl. WHITE, M., CORCORAN, T.: *Rebuilt*, S. 97-123.

26 Dazu s. a. näher das Video https://youtu.be/FZ_qmlb-4tM (aufgerufen am 08.04.2022, 23.10 Uhr) 4.30-6.38 min (aufrufbar über https://www.churchnativity.com/membership/join/ (aufgerufen am 08.04.2022, 23.10 Uhr)).

27 Vgl. https://www.churchnativity.com/app/ (aufgerufen am 08.04.2022, 21.18 Uhr).

- **Share** (den Glauben teilen: in Menschen investieren, die man kennt, und sie nach *Nativity* einladen; die persönliche Einladung funktioniert oft am besten).

Die Gläubigen wachsen in der Nachfolge Jesu (Jüngerschaft) hauptsächlich durch die Sonntagsgottesdienste und die *small groups*, von denen es viele unterschiedliche gibt (Männer, Frauen, Singles...). Sie treffen sich zu demjenigen Zeitpunkt, zu dem die einzelnen Mitglieder Zeit haben: sonntags, unter der Woche morgens oder abends...[28].

Zur Martyria: Am Wochenende gibt es neben dem Kindergottesdienst, auf den ich noch im Rahmen der Liturgie zu sprechen kommen werde, die Katechese für die Kinder der Mittelschule und Jugendlichen der Highschool (zuerst im Plenum zu einem Impuls, der einer eigenen thematischen Serie folgt – also nicht mit der Predigtreihe in den Hauptgottesdiensten übereinstimmt –, dann in den *small groups*, um den Impuls aus dem Plenum zu vertiefen).

Die Erwachsenen erhalten in ihren eigenen *small groups* jede Woche eine Videobotschaft als Impuls via App oder Internet[29]. Diese Videobotschaft ist an der Predigt der Hl. Messe vom vorherigen Sonntag ausgerichtet.

Diese Sonntagspredigt wiederum ist Teil einer Predigtreihe. Eine Predigtreihe für die Sonntagsgottesdienste umfasst etwa drei bis sechs Sonntage und ist ca. 20 min lang. Pfr. White predigt eher ruhig und sachlich. Die Gläubigen werden vor dem Beginn einer Reihe eingeladen, NichtkirchgängerInnen aus ihrem Umfeld dazu einzuladen (= Mund-zu-Mund-Propaganda – i. S. von **Share** aus den **STEPS**).

---

[28] Zu den Kleingruppen (*small groups*) s. a. WHITE, M., CORCORAN, T.: *Rebuilt*, S. 163-175.
[29] Zur App s. https://www.churchnativity.com/app/ (aufgerufen am 08.04.2022, 21.18 Uhr). *Small group*-Videobotschaften s. https://www.churchnativity.com/watch/small-groups/ (aufgerufen am 08.04.2022, 22.53 Uhr).

*Abb. 4: **Church of the Nativity***
(Kirchenraum)

Zur Liturgie: Fast jeder Sonntagsgottesdienst wird als Livestream ins Internet übertragen. Er entspricht im Ablauf einer normalen Messfeier. Allerdings wird hier i. d. R. moderne Musik verwendet, die eine Band spielt (teilweise aber auch Choralmusik, die a capella von einem Kantor vorgesungen wird). Es gibt zwei Bands, die in den Gottesdiensten am Samstag (erste Band) bzw. Sonntag (zweite Band) spielen. Die Lieder bleiben während einer Predigtreihe jede Woche dieselben.

Der Liedtext und auch verschiedene Bilder bzw. Hintergrundvideos für den Text werden auf zwei große Leinwände (*s. Abb. 4*) projiziert. Auch Gebetstexte werden auf diesen Leinwänden angezeigt.

Auffällig beim Gottesdienst ist, dass es kaum Zeiten der Stille gibt. Zum Sanctus wird mit einer Nebelmaschine Nebel in den Altarraum geblasen (als Weihrauchersatz).

Die Kinderkirche beginnt nach dem Tagesgebet der Messfeier (es wird dazu ein Einladungsvideo in der Hl. Messe abgespielt) und endet zur Gabenbereitung, damit die Kinder beim Eucharistieteil der Messfeier wieder bei ihren Eltern sind und ein paar von ihnen die Gaben nach vorne bringen können. Nachdem die Kinder zum Kindergottesdienstraum gegangen sind, beginnt die Lesung in der Hl. Messe.

Die Kinderkirche selbst ist so aufgebaut, dass zwei Ehrenamtliche miteinander im Dialog den Plot weitertreiben, aber die Kinder durch Nachfragen einbezogen werden. Die Kinder sitzen oder liegen auf dem bequemen Teppichboden; seitlich gibt es zwei große Leinwände für Filme und Text.

Weitere Ehrenamtliche bilden einen weiten Kreis um die Kinder, um sie mit zu beaufsichtigen. Behinderte Kinder werden ggf. einzeln betreut. Im Kinderkirchenraum können die Ehrenamtlichen immer auf einem Bildschirm mitverfolgen, wie weit die Hl. Messe fortgeschritten ist.

Weitere Arten von Liturgie sind die Folgenden: Von 9-14 Uhr ist jeden Sonntag das Allerheiligste in einer Kapelle ausgesetzt. Dies ist wie der Motor im Hintergrund für alles, was geschieht.

Pfr. White spendet darüber hinaus die Sakramente (ggf. bei der Beichte unterstützt durch einen Gastpriester).

Es findet in *Nativity* das Rosenkranzgebet statt. Außerdem existiert dort ein Gebetsdienst für Anliegen. Diesem gehören viele Menschen an. Wird ein Anliegen bekannt, so wird es an diese weitergegeben.

Diakonie: Spenden können die Leute in *Nativity* auf unterschiedliche Weise, selbst via Smartphone.

Es gibt weiterhin Initiativen, um die Armut zu bekämpfen, die in Baltimore teilweise sehr groß ist. Bei meinem Besuch sind mir sehr viele arme und obdachlose Menschen aufgefallen[30].

In *Nativity* existiert ferner ein Besuchsdienst für die Kranken. Die *small groups* wiederum können ebenso diakonisch aneinander handeln (oder nach außen gegenüber anderen).

Darüber hinaus gibt es Missionseinsätze der Pfarrei (z. B. Haiti).

Ebenso diakonisch ist der letzte Punkt: Die Atmosphäre auch innerhalb des kirchlichen Lebens in *Nativity* ist sehr von einem Dienst für andere geprägt – von der Willkommenskultur (s. u.) angefangen.

Koinonia: Neben den bereits erwähnten *small groups* gibt es z. B. Treffen für Junge Erwachsene oder spezielle Events.

Was in *Nativity* auffällt, ist die Willkommenskultur. Letztlich handelt es sich bei der Äußerung des Willkommens um ein Handeln i. S. von Jesu offener Haltung gegenüber allen Menschen[31]. In *Nativity* besitzt diese Willkommenskultur die folgenden Charakteristika: eine sehr große Gastfreundschaft, Hilfsbereitschaft, Offenheit und Freundlichkeit der Menschen.

---

[30] Es kann geschehen, dass aufgrund der hohen Kosten einer Krankheit durchaus auch Normalverdiener in die Armut und sogar Obdachlosigkeit abrutschen.
[31] Vgl. RÖTTGER, D.: *Anders*, S. 22.

Konkret sieht das Willkommenheißen z. B. folgendermaßen aus: Es findet eine Begrüßung durch Tafeln und Banner an den Straßenlaternen gleich an

der Zufahrt statt (s. dazu *Abb. 5*). Zudem existieren ein Begrüßungsdienst an der Zufahrt, Parkplatzordner sowie der *Nativity Express* als Shuttlebus zur Straßenbahnstation und der dortigen Bushaltestelle. Es gibt auch Menschen, die als Türöffner ihren Dienst ausüben. Ferner existieren zwei Willkommensrezeptionen (an der einen erhält man eine Willkommenstasche

*Abb. 5: **Church of the Nativity** (Auffahrt)*

mit dem *Rebuilt*-Buch, einer *Nativity*-CD sowie weiteren Informationsflyern) und Dienste, die beim Platzfinden helfen, Dienste in der Cafeteria…

Mit dem Ziel, dass alle Menschen letztlich immer mehr zu Gott finden, dienen die Angestellten und Ehrenamtlichen in *Nativity* nicht nur anderen, sondern auch sich untereinander[32].

Ohne ein Heer von Freiwilligen würde *Nativity* nicht so laufen, wie es läuft. Es steckt ebenso eine Menge Organisation dahinter, die allerdings subsidiär geregelt ist: Die Grobplanung bei der Dienste-Einteilung machen die Angestellten (mit ehrenamtlicher Hilfe), dann gibt es ehrenamtliche Leiter einer Gruppe, die die anderen Ehrenamtlichen unter sich haben und sich ebenso um sie kümmern, sich bei Ausfall um Ersatz bemühen (die einzelnen Dienstgruppen sind hier größer als die jeweils benötigte Anzahl an Ehrenamtlichen für ein Event) und die Dienste zusammenhalten.

Alle, die einen Dienst ausüben, besitzen ein Namensschild: die Angestellten eines aus Metall, die Ehrenamtlichen als Aufkleber. Es gibt teilweise auch einheitliche T-Shirts der Dienste zur besseren Erkennbarkeit[33].

---

[32] Mir wurde von jemanden gesagt, dass z. B. die Türen letztlich deshalb geöffnet werden, damit die Menschen ihre Herzenstüren Gott gegenüber öffnen. So finden Anthropozentrik und Theozentrik hier zusammen statt.

[33] Mich hat dies an die unterschiedlichen Dienste auf einem Flugzeugträger erinnert.

Die Orientierung an der bereits zu Beginn dieses Kapitels genannten Mission und die Identifikation mit ihr hilft, dass die Ehrenamtlichen ihre Dienste im Großen und Ganzen (also leider auch nicht alle) gewissenhaft und leidenschaftlich ausüben.

Abgesehen davon werden für eine Sache nur diejenigen gefragt, die dafür am besten geeignet sind. Das macht es natürlich leichter.

Junge Ehrenamtliche für die Schülergruppen werden aus diesen selbst heraus herangezogen. Dadurch identifizieren sie sich auch sehr damit und betreiben ihren Dienst gewissenhaft.

Nativity zeigt weiterhin, dass durchaus Dienste in einer Gemeinde entstehen können, die es normalerweise nicht gibt (z. B. Kameraleute). Das ist ja auch i. S. der Charismenorientierung möglich.

Was ich sehr gespürt habe, ist, dass alle Menschen für das, was sie tun, eine Liebe, eine Leidenschaft haben.

In *Nativity* geschieht weiterhin alles mit Exzellenz. Alle wissen, was sie wollen und was sie tun. Exzellenz hilft, auch Menschen zu erreichen, die diese von ihrer Arbeitswelt her gewohnt sind.

Exzellenz wird aber ebenfalls von den (ehrenamtlich) Engagierten erwartet (schon Jesus hat zwar alle willkommen geheißen, jedoch ebenso dann von denen, die enger bei ihm waren, etwas erwartet[34]). Ehrenamtliche verpflichten sich in der Regel auf ein Jahr für einen Dienst.

Trotzdem dürfen auch Fehler gemacht werden und es wird konstruktiv damit umgegangen. Bei Konflikten gibt es ein Sechs-Augen-Gespräch.

Ähnliche Probleme wie unsere Pfarreien in Deutschland kennt *Nativity* aber trotz aller Bemühungen, wenn auch in relativ beschränktem Maße: dass Eltern ihre Kinder zur Erstkommunionvorbereitung schicken und die Termine abhaken; dass Firmlinge nach der Firmung weg sind. Gerade aber die Tatsache, dass z. B. die Jugendlichen vor der Firmung ebenso das Jugendprogramm durchlaufen müssen, federt dies ab.

---

[34] Vgl. dazu MALLON, J.: *Divine Renovation*, S. 199-201.

Außerdem hat auch *Nativity* mit konkurrierenden Veranstaltungen zu kämpfen (Football, Fußball…).

Zur Teamarbeit im Pfarreiteam: Es gibt viele Besprechungen hinsichtlich des Wochenendes. Projekte werden gemeinsam erarbeitet. Das Team betet aber auch für bestimmte Anliegen miteinander. Es herrscht eine mit Freude erfüllte, professionelle Atmosphäre im ganzen Team.
Am Mittwoch werden immer alle Teammitglieder darüber informiert, was das Leitungsteam (d. h. Pfr. White und seine engsten MitarbeiterInnen) am Dienstag beschlossen hat, damit alle auf demselben Stand sind.

Um weitere Pfarreien in der Art von *Nativity* zu erneuern, gibt es *Rebuilt Parish*[35], das verschiedenste Materialien und Coaching für die Pfarreien zur Verfügung stellt. Die Materialien sind allerdings in Englisch. Wer in Deutsch Unterstützung benötigt, kann sich an *Pastoralinnovation* in Graz wenden[36].

Werfen wir auch hier einen Blick auf die **Gebäude** (s. *Abb. 4* und *6*): Das neue Gebäude mit der Kirche ist schön, riesig, hat öffentliches WLAN und wurde an die alte, mittlerweile profanisierte Kirche angebaut, die als Kinderkirchenraum genutzt wird (s. o.) sowie für die Katechesen der Middle- und Highschool-Kinder.
Alles ist sehr großzügig gestaltet. Es existieren wie gesagt zwei Willkommensrezeptionen, eine Lounge zum Herumsitzen, ein Café/Restaurant; überall sind Bildschirme, auf denen die Ehrenamtlichen den Gottesdienst mitverfolgen können[37].
Für alle Engagierten gibt es neben der Sakristei einen extra Raum (einschließlich Küche), in dem sie sich treffen und auf Sofas sitzen können.

---

[35] Vgl. hierzu https://www.rebuiltparish.com/ (aufgerufen am 08.04.2022, 21.56 Uhr).
[36] Vgl. https://www.pastoralinnovation.org/ (aufgerufen am 08.04.2022, 21.50 Uhr).
[37] Es hat ein wenig etwas von einem Fußball- bzw. Baseballstadion, in dem man in den Umgängen hinter den Tribünen das Geschehen auf dem Platz über Bildschirme verfolgen kann.

Darüber hinaus ist der Parkplatz sehr groß. Das Gelände liegt recht schön inmitten von Bäumen, aber nicht weit weg von Bus und Straßenbahn (von der Straßenbahnstation kann man den *Nativity Express* als Shuttlebus benutzen).

Zum Gottesdienstraum (s. *Abb. 4*): Die Leute sitzen in einem Halbrund um den Altar. Der Tabernakel steht in

*Abb. 6: **Church of the Nativity** (Parkplatz und Gebäude)*

einem hausähnlichen Aufbau (ähnlich wie das Allerheiligste im Tempel von Jerusalem). Die Schnitzereien in der Kirche sind alle aus Oberammergau. Rechts im Altarraum steht neben dem Ambo ein Bildschirm, der während der Predigt als Touchscreen für Texte o. Ä. benutzt werden kann.

Interessant ist die Lichtanlage: Immer dorthin, wo etwas stattfindet, ist das Licht gerichtet (also entweder auf die Musikband als Ganze, die an der Vorderfront des Altarraumes steht; auf den Ambo, wenn dort gelesen/gepredigt wird usw.). I. d. R. ist der Raum mit den Gottesdienstbesuchern nicht beleuchtet, um die Aufmerksamkeit auf das Geschehen im Altarraum zu lenken. Damit kann die Qualität der Teilnahme der Gottesdienstbesucher unterstützt werden. Ich selbst empfand es aber eher so, dadurch mehr Zuschauer denn teilnehmender Gläubiger zu sein.

Die Lichtanlage, Video- und Audioanlage wird von den Kosten her umgerechnet ca. 50.000 – 70.000 € gekostet haben, ist aber jeden USD wert (v. a. die gute Lautsprecheranlage). Während des Gottesdienstes sind die Kirchenfenster mit einer nach oben und unten fahrbaren Stoffjalousie abgedunkelt.

Mein Fazit zu meiner Zeit in Baltimore: Ich habe gemerkt, dass in *Nativity* vor Jahren die Entscheidung getroffen wurde, so zu werden (und sich dann natürlich weiterzuentwickeln), wie es gerade ist. Das bedeutet, dass andere Möglichkeiten, Optionen, ausgeklammert wurden.

Nativity spricht primär Menschen an, die diesen Stil mögen. Menschen, die dies nicht möchten, gehen woanders hin – oder bleiben zu Hause. Dementsprechend ist *Rebuilt* in der Erzdiözese Baltimore geschätzt oder gehasst. *Nativity* ist dabei keine charismatische Pfarrei, was für eine mögliche Übertragbarkeit bedeutet, dass eine Kirchengemeinde nicht unbedingt charismatisch werden muss (natürlich aber *kann*, wenn sich die Gläubigen so entscheiden).

Ebenso ist *Nativity* nicht mehr eine reine Territorialpfarrei i. S., dass nur Leute aus dem Territorium dieser Pfarrei zu ihr kommen/gehören. Mir wurde erzählt, dass Menschen sogar 45-60 min zum Gottesdienst nach *Nativity* fahren. Insgesamt schätze ich, dass zu den fünf Messen am Wochenende ca. 4.000 Leute kommen (bei ca. 6.000 Pfarreimitgliedern).

Das Mission Statement „Love God. Love Others. Make Disciples"[38] gibt es gut wider, um was es *Nativity* geht:

- Die theozentrische Perspektive, Menschen durch alles Tun zu Gott zu führen, ist das Erste. Die anthropozentrische Perspektive dient diesem ebenso letztlich, auch wenn sie die Menschen im Blick hat. Zu beiden wiederum dient Mehreres:
- Das Gebet ist Rückgrat und Motor von allem.
- Ganz zentral ist hier die gute Kultur.
- Die Predigtreihen wollen die Bibel mit dem Leben der Menschen unter einem bestimmten Thema verbinden, das sich an den vorgegebenen Texten der Sonntage ausrichtet.
- Die gute Katechese von Kindern und Jugendlichen (inkl. deren *small groups*) – so sagte mir ein Priester – sowie von Erwachsenen in den Kleingruppen (*small groups*). Die Kleingruppen sind zudem für die Seelsorge der Pfarreimitglieder untereinander ein sehr gutes Mittel. Sowohl in *Evangelii nuntiandi* Nr. 58 von Papst Paul VI. als auch in *Redemptoris missio* Nr. 51 von Papst Johannes Paul II. werden solche Gruppen, die

---

[38] https://www.churchnativity.com/about/ (aufgerufen am 08.04.2022, 22.57 Uhr).

unterschiedliche Bezeichnungen haben können, als wichtiges Mittel der Evangelisierung erwähnt. An *Nativity* kann man lernen, wie es im katholischen Kontext aussehen kann.

- Es geht darum, das Leben von Menschen durch die Begegnung mit Gott und der Frohen Botschaft zu verändern.

- Im Sinne der Charismenorientierung gibt es Dienste, die Kirchengemeinden sonst nicht kennen oder haben (das gilt in *Nativity* sowohl für haupt-/neben- als auch ehrenamtliche Dienste).

- Was ich ebenso noch gelernt habe, ist, dass die Angestellten hier so lange zusammen an Dingen arbeiten, bis sie für alle in Ordnung sind.

- Die Amerikanische Kirche wächst, aber nur durch die Einwanderer. Die ‚weißen' amerikanischen Gläubigen verlassen eher die Kirche. *Nativity* ist ein möglicher Gegenansatz zu dieser Bewegung. Es geht dieser Pfarrei darum, diejenigen, die gläubig sind, aufzurütteln, und mit denen, die verloren sind, in Kontakt zu kommen[39].

---

[39] Vgl. die Vorderseite des Einbandes von WHITE, M., CORCORAN, T.: *Rebuilt.*

3.3 Die *Bethel Church* in Redding/Kalifornien (USA)

Die *Bethel Church* in Redding[40] ist eine Megachurch, eine sehr große Freikirche. Sie besitzt als Gemeinde eine große Ausstrahlung auf viele Menschen
und hat verschiedene Bereiche:

- Die Kirche selbst mit Gottesdiensten, die an verschiedenen Orten stattfinden (s. u. beim Stichwort Liturgie).
- Es gibt Schulen: Die Schule für Kinder (*Bethel Christian School*) und die
  Bethel School of Supernatural Ministry (= BSSM), also die *Schule für den Über-
  natürlichen Dienst*, die Studierende in drei verschiedenen Jahrgängen an
  unterschiedlichen Orten der *Bethel Church* sowie im *Civic Auditorium*, der
  Stadthalle von Redding, ausbildet.

Mit Blick auf die **Jüngerschaft** existiert in *Bethel* ein Dreischritt: CGS
(Connect, Grow, Serve – nach meiner Übersetzung: Verbinden, Wachsen,
Dienen). Dieses System ist somit noch etwas „einfacher" gestaltet als die ent-
sprechenden Schritte der Jüngerschaft in *Nativity* oder bei der *CTF*.

Es existiert auch ein Wochenflyer, in
dem manche Veranstaltungen nach
den CGS-Schritten aufgelistet sind.

Zur **Martyria**: Die Predigt nimmt im
Gottesdienst etwa 40 min Raum ein.
Für Kinder gibt es parallel zu den
Gottesdiensten Kinderkirche.
Weiterhin können die Lehre über Je-
sus als Heiler im Zuge der sog. *Healing*

*Abb. 7: Die **Bethel Church**
(Hauptgebäude)*

Rooms, der *Heilungsräume* (dazu s. u. mehr), als Martyria gelten, ebenso wie die
Katechese vor der Taufe (diese findet einmal im Monat vor dem

---

[40] Vgl. www.bethelredding.com (aufgerufen am 08.04.2022, 21.45 Uhr).

Taufgottesdienst am Sonntagabend statt – s. *Abb. 10*) – und natürlich die *Bethel*-Lieder mit ihren Texten.

Zur **Liturgie**: Die Gottesdienste sind am Freitag um 19.00 Uhr und am Sonntag um 8.00 Uhr, 10.30 Uhr, 13.00 Uhr und 18.00 Uhr auf dem Hauptgelände. Daneben gibt es als Gottesdienstort das Theater *Cascade*. Dieses liegt in der Innenstadt von Redding. Dort findet um 10.00 Uhr der Sonntagsgottesdienst statt. Darüber hinaus werden am *Twin View*

Abb. 8: **Bethel Church** *(Lobpreis während des Gottesdienstes)*

Campus jeden Sonntag um 9.15 Uhr, 10.30 Uhr und 18.00 Uhr[41] Gottesdienste gefeiert.

Unter der Woche existieren mehrere Gottesdienste für Zielgruppen und für die Allgemeinheit gibt es außer dem o. g. Freitagsgottesdienst einen Gebetsgottesdienst für Redding am Donnerstag um 8.00 Uhr[42]. Dieser hat unterschiedliche Akzente: Während meines Besuches hingen einmal Kartenausschnitte mit Stadtteilen von Redding an der Wand und wir waren alle eingeladen, zu diesen hinzugehen und für diese Stadtteile zu beten. Fürbitten kennen wir auch in der römisch-katholischen Kirche und sie sind wichtig[43].

Es gibt bei manchen Gottesdiensten (v. a. vor dem Freitag- und Sonntagabendgottesdiensten) ein *Pre-Service-Prayer*, also ein vorgottesdienstliches Gebet: In etwa 45 min geht es dabei darum, eine Gebetsatmosphäre für den Gottesdienst zu schaffen und Gott um SEINE Gegenwart für das Gebet und den Gottesdienst zu bitten.

---

[41] Vgl. zu den Gottesdienstzeiten https://bethelredding.com/weekends (aufgerufen am 08.04.2022, 21.50 Uhr). Bemerkung: Seit Corona sind der Freitagabendgottesdienst und der Sonntagabendgottesdienst auf dem Hauptgelände, der Gottesdienst in *Cascade* sowie der 18.00 Uhr-Sonntagabendgottesdienst am *Twin View Campus* gestrichen – vgl. dazu ebd.
[42] Vgl. ebd.
[43] Vgl. hierzu z. B. EG 281-283.

Abb. 9: Bethel Church (fast voller Parkplatz am Sonntag kurz vor 8 Uhr)

Der Gottesdienst selbst startet mit etwa 30 min Lobpreis (s. *Abb. 8*). Es folgen Ansagen, Kollekte, Predigt (wie bereits oben erwähnt ca. 40 min lang) und die Möglichkeit, für sich persönlich vom *Ministry-Team* oder den Studierenden des zweiten/dritten Jahres der *BSSM* beten zu lassen. In einem Gottesdienst, den ich besuchte, gab es am Ende der Predigt nicht nur diese Gelegenheit, sondern auch die Möglichkeit, um den Hl. Geist für alle beten zu lassen, die aus einem anderen Land stammten. Wir durften dazu aufstehen und dann beteten Leute um den Hl. Geist für uns. Apropos Hl. Geist: Um diesen wird hier recht oft gebetet, was auch die pneumatozentrische Ausrichtung dieser Gemeinde erkennen lässt.

Vor der Predigt wurde einmal ein Gebet um gute Worte für den heutigen Prediger und um offene Herzen für die HörerInnen gesprochen.

Einmal im Monat ist innerhalb des Sonntagabendgottesdienstes Taufe (s. *Abb. 10*). Bei dem Gottesdienst, den ich besuchte, war es wie eine riesige (Tauf-)Party: Nachdem sich die Leute, die getauft werden sollten, kurz vorgestellt und ihre Gründe genannt hatten, warum sie getauft werden wollten, sangen wir fröhliche Lobpreislieder, während sie getauft wurden. Bei jede/r, die/der getauft war, gab es dann Äußerungen der Begeisterung von uns Gottesdienstbesuchern. Prophezeit wurde auch, dass der Hl. Geist Leute mit Rückenproblemen heilen würde. Diese brauchten dazu nur aufzustehen und zu warten.

Abb. 10: Bethel Church (Gottesdienst mit Lobpreis und Taufe – rechts unter der Leinwand – im Hauptgebäude)

Allerdings entzieht es sich meiner Kenntnis, ob diese Menschen tatsächlich geheilt wurden.

Interessant war, dass der Gottesdienst mit einer 360°-Kamera aufgenommen wurde, um Menschen im Internet die Gelegenheit zu geben, noch intensiver beim Gottesdienst dabei sein zu können. Die Chancen, die der Einsatz von modernster Technik bietet, können durchaus eine Überlegung im Zuge der Neuevangelisierung wert sein.

Zur Liturgie im weitesten Sinne zählen noch die folgenden beiden Aktionen:

- Die Lieder, die während der Zeit der *Healing Rooms* am Samstagmorgen (dazu s. u. mehr) gesungen werden. Damit in der langen Zeit nicht viele Lieder gespielt werden müssen, wird hier viel mit Kehrversen gearbeitet, die auch spontan sein können.

- Auf dem Gelände der *Simpson-Universität* hier in Redding war die US-weite Aktion *Tent America*[44], bei der in Zelten – daher der Name – in Washington D. C. und den Staatshauptstädten sowie an

*Abb. 11: **Bethel Church** (Autokolonne zum 8 Uhr-Gottesdienst)*

anderen Orten ca. zwei Tage lang ununterbrochener Lobpreis gemacht wurde. Unterschiedliche Bands wechselten sich dabei ab.

Zur **Diakonie**: Ein Dienst in *Bethel* ist derjenige der *Healing Rooms*, in denen jeden Samstagmorgen für ca. 300 kranke Menschen auf dem *College View*-Hauptcampus gebetet wird. Diese müssen ein Formular über ihre Krankheit und eine Einverständniserklärung zum Gebet für sie ausfüllen und werden in Gruppen aufgeteilt. Es gibt einen Vortrag über ein kontinuierliches geistlich-gesundes Leben und Christus als Heiler (er ist ja auch der *Heiland*).

---

[44] Die Aktion hat keine eigene Website. Sie findet sich nur auf https://www.facebook.com/TentAmerica/ (aufgerufen am 08.04.2022, 21.46 Uhr).

Bis die Gruppen über die Leinwände aufgerufen werden, können die Menschen im großen Gottesdienstraum warten.

In diesem spielt eine Band während der ganzen Zeit der *Healing Rooms* Lobpreismusik. Es gibt ebenso eine Tanzgruppe. Manche malen prophetisch inspirierte Bilder. Über die Leinwände wird auch immer wieder auf die Begegnung mit Gott im Heilungsgebet hingewiesen – es geht also nicht nur um Wunder, sondern letztlich um Gott[45].

Das Gebet selbst findet in einem anderen Raum statt. In der Regel beten Frauen für Frauen bzw. Kinder; Männer beten normalerweise für Männer. Wer durch Gebet geheilt wird, kann dies als Zeugnis aufschreiben lassen.

Kommen wir zu einem weiteren diakonischen Bereich: SOZO ist ebenso ein Gebet um Heilung, genauer gesagt innere Heilung[46], zu dem man sich via Homepage anmelden kann[47] und es dann im sog. *Transformation Center* – im *Verwandlungszentrum* – empfangen kann. Es geht bei SOZO kurz gesagt darum, die Beziehung zu Gott zu ordnen und die zu Menschen gleich mit. Es existiert als Gespräch oder – wie es zu meiner Zeit ebenso dort angeboten wurde – als *Art* SOZO, also *Kunst*-SOZO, bei dem dann das Gespräch sich an selbstgemalten Bildern orientiert.

Als diakonisch im weiteren Sinne kann ebenso der prophetische Dienst (*Prophetic Ministry*) gesehen werden, der am Sonntag seinen Platz besitzt. Hier kann durchaus das Vertrauen in Gott und seine Versprechen, die er durch sog. *Worte der Erkenntnis*, Visionen u. a.[48] gibt, wachsen.

Es existieren in *Bethel* noch weitere diakonische Projekte wie z. B. das Frühstück für Obdachlose oder die Sorge um straffällig gewordene Jugendliche. Für die letztgenannte Gruppe gibt es sogar ein ganzes Team.

---

[45] Zum Thema Heilung in der Neuevangelisierung s. die zusammenfassenden Überlegungen in THELEN, M. D.: *Biblical foundations*, S. 80-91. Durch Heilungen wird das Reich Gottes greifbar – wie schon bei Jesus (s. RM 14).

[46] Vgl. http://bethelsozo.com/ (aufgerufen am 08.04.2022, 21.45 Uhr).

[47] Vgl. hierzu https://www.betheltransformationcenter.com/start (aufgerufen am 08.04.2022, 21.58 Uhr). Hingewiesen sei ferner auf https://www.bethelsozo.com/book-sozo (aufgerufen am 08.04.2022, 21.58 Uhr) sowie für Deutschland auf https://bethelsozo.de/ (aufgerufen am 08.04.2022, 22.00 Uhr).

[48] Zu den prophetischen Gaben vgl. z. B. 1 Kor 12; 14.

Zur **Koinonia**: An einem Abend während meines Besuches gab es die Gelegenheit, beim sog. *Church life fair,* der *Messe für das kirchliche Leben,* die unterschiedlichen Gruppierungen kennenzulernen. Dies sind etwa 45 an der Zahl, sodass ich sie hier nicht aufzählen kann. Sie sprechen verschiedene Altersgruppen an oder Frauen und Männer getrennt. Es sind auch Dienste (*Ministries*) dabei, die dafür da sind, dass das Leben in *Bethel* läuft.

Ich habe z. B. bei der Arbeit für die *Jungen Erwachsenen* gefragt, wie sie die Leute zu sich bekommen und sie haben mir erzählt, dass dies sehr viel über Spaßaktionen geschieht. Die Musik allein würde die Jungen Erwachsenen nicht anziehen. Auch bei den Kleingruppen habe ich nachgefragt, wie diese gebildet werden, und hier hieß es, dass die Leute nur über attraktive Themen zu gewinnen seien.

Bei beiden Ständen wurde mir gesagt, dass auch *Bethel* bzw. die Kirchen in den USA ähnliche Schwierigkeiten hat bzw. haben, Menschen zu gewinnen, wie wir in Deutschland.

Ökumene: Zum einen war für mich auf dem Gebiet der Ökumene sehr beeindruckend, wie wohlwollend bei aller Unterschiedlichkeit auf die Katholische Kirche geschaut wird. Dazu gehört für mich ebenso die Beobachtung, dass hier sehr ehrfurchtsvoll und in Rückgriff auf die Bibel von einer zölibatären Lebensweise gesprochen wird – und in *Bethel* sind die Pastoren ja verheiratet, sodass es nicht als Selbstlob ausgelegt werden kann.

Sehr schön ist auch das *Gebet für Europa* von Studierenden der *B.S.S.M,* bei dem konfessionsübergreifend für eine Erweckung in Europa gebetet wird (es gibt ebenfalls ein solches Gebet nur von den deutschen Studierenden der *B.S.S.M* für Deutschland).

Die **Kultur in *Bethel*** ist die sog. „*Kultur der Ehre*"[49]. In ihr geht es einerseits um die Anziehung der Präsenz Gottes sowie andererseits um die Würdigung von Menschen – auch i. S., alles zu würdigen, was sie für *Bethel* einbringen können[50].

---

[49] SILK, D.: *Kultur*, S. 26.
[50] Vgl. ebd., S. 26f.

Diese Kultur vereinigt damit also mehrere Aspekte in sich. Von der Pneumatozentrik (und damit Theozentrik) in *Bethel* habe ich weiter oben bereits

geschrieben. Ich möchte aber hier eine kleine Ergänzung anfügen: Es existiert in *Bethel* die Haltung, dass Gott anwesend ist und jederzeit Handeln kann, auch in für uns übernatürlicher Weise (z. B. durch Heilung und Prophetie).

Den o. g. Blick auf die Menschen, den die „*Kultur der Ehre*"[51] beinhaltet, möchte ich anhand von Beobachtungen und Beispielen während meiner Zeit in Redding verdeutlichen:

Was hier in *Bethel* im Sinne dieser Kultur auffällt, ist die Ermutigung, die sich Menschen gegenseitig zusprechen. Dies geht sogar so weit, dass die

Abb. 12: **Bethel Church** *(Auffahrt zum Hauptgebäude –* Avenue of the Nations *mit Flaggen)*

LeiterInnen der *BSSM* die Studierenden ermutigen, das Risiko einzugehen, Fehler zu machen, weil sie daraus lernen können. Darüber hinaus ging es während meines Besuches um Empowerment (Ermächtigung/Bestärkung) als Leitungsstil und als gelebte Kultur in einer Gruppe von Menschen[52]. Was S. Backlund dort in zwei Vorträgen erzählte, kann durchaus i. S. eines Führungsstils gemäß dieser Kultur betrachtet werden[53]. Da die Kultur in einer Pfarrei sehr wichtig für die Evangelisierung ist – sie kann sie behindern oder befördern[54] –, ist die Art der Führung dazu ein elementarer Baustein (weil die Führung die Kultur in einer Pfarrei beeinflusst). Immer wieder wurde auch deutlich gemacht, dass man damit rechnen kann, dass ein Mensch etwa einhundert Menschen beeinflussen kann (ich habe es nicht nachgeprüft, aber es klingt logisch). Auf diese Zins- und Zinseszinseffekte setzt *Bethel*, wenn es darum geht, Menschen in verschiedenster Weise auszurüsten, anderen die Frohe Botschaft nahezubringen. Es ist

---

[51] Ebd., S. 26.
[52] Hierzu sei auch verwiesen auf das Buch BACKLUND, S.: *Empowerment*.
[53] Zu den Leitenden vgl. SILK, D.: *Kultur*, S. 27f.
[54] Vgl. hierzu z. B. die Überlegungen von R. Huntley in HUNTLEY, R.: *Einführung*, S. 11f. Außerdem sei auf WHITE, M., CORCORAN, T.: *Rebuilt*, S. 18-20, 30, 33f. & 45 verwiesen.

hierbei nicht das Ziel, dass Menschen auf der ganzen Welt Mitglieder der *Bethel Church* werden sollen.

Die Zugewandtheit zu den Menschen kann auch gut am Schriftzug deutlich gemacht werden, der das Halsband des dritten Jahrganges der *BSSM* ziert: „Wir schulden der Welt eine Begegnung mit Gott" – „We owe the World an encounter with God."

Was ebenso noch in diese Kultur mit hineinfließt, und damit zusätzlich zur beschriebenen Ausrichtung auf Gott und auf die Menschen hinzukommt, ist die Selbstliebe und das Selbst-Heilsein. Vom theologischen Hintergrund her betrachtet sind hier die beiden Hauptgebote der Gottesliebe und die mit der Selbstliebe verbundene Nächstenliebe (vgl. Lk 10,27) vereint.

Kommen wir am Ende der Betrachtungen zur *Bethel Church* auch hier zu den **Gebäuden**: Zum Hauptcampus *College View* gehört neben dem Hauptgebäude (s. *Abb. 8*) mit Gottesdiensträumen, Buchladen und Café (*He brews*) auch das sog. *Alabaster House* (s. *Abb. 13*). Dieses ist ein achteckiges Haus, in dem es möglich ist, 24 Stunden am Tag zu beten. Um dieses Gebetshaus herum ist ein Paradiesgarten mit biblischen Pflanzen angelegt.

Abb. 13: **Bethel Church** *(Alabaster House, Innenansicht)*

Daneben existieren auf dem Hauptcampus noch ein Verwaltungsgebäude, weitere Gebäude und v. a. riesige Parkplätze.

Der *Twin View Campus* ist ein weiterer Gebäudekomplex im Norden von Redding, ca. 2 km Luftlinie nordnordwestlich vom Hauptcampus entfernt. Das *Transformation Center*, das in einem Einkaufskomplex ca. 2 km westlich des Hauptcampus liegt, beherbergt bspw. die Räumlichkeiten für den SOZO-Dienst.

Bethel Media ist ein Gebäude, in dem neben der namensgebenden Institution auch *Bethel.tv* und *Bethel Music* untergebracht sind. Das Gebäude liegt ca. 700 m Luftlinie nördlich des *Twin View Campus*.

Das *Civic Auditorium* und das Theater *Cascade* werden von der *Bethel Church* mitbenutzt.

Ein kleines Fazit zur *Bethel Church*: Ich denke persönlich, die Erfahrungen Gottes, aber auch die Kultur und das Gebet füreinander sind Punkte – neben den vielen Menschen, die ich hier kennenlernen durfte –, die mich beeindruckt haben.

Ein Gedanke der *BSSM*, der mir gut gefällt, ist, dass hier Menschen befähigt werden sollen, in ihrem späteren Umfeld zu evangelisieren. Gerade im Hinblick darauf, dass es bei der (Neu-)Evangelisierung darum geht, die Kultur(en) mit dem Geist des Evangeliums zu durchdringen[55] – also letztlich alles, was zu einer Kultur dazugehört, nicht nur Kunst, Musik, sondern ebenso Arbeit, Familie, Politik, Wissenschaft, Wirtschaft… –, ist dies sehr wertvoll.

---

[55] Vgl. hierzu EN 20.

3.4. Fazit aus den Erfahrungen in den drei besuchten christlichen Gemeinden

Was nehme ich aus meiner Reise hinsichtlich des Themas Neuevangelisierung aus den drei christlichen Gemeinden mit, die ich besucht habe? Ich möchte diese Erkenntnisse im Folgenden zusammenfassen:

1. Die Wichtigkeit der Kultur in einer Gemeinde, welche zum einen ihre Priorität in der Theozentrik, also dem Fokus auf Gott hin und auf die Begegnung mit ihm, besitzt. In diesem Zusammenhang ist auch der Schwerpunkt auf Gebet und Anbetung zu erwähnen. Zum anderen beinhaltet diese Kultur eine Anthropozentrik, die sich z. B. in der „*Kultur der Ehre*"[56] und in der vielgestaltigen und mit viel Aufwand betriebenen Willkommenskultur äußert. Diese wiederum soll letztlich dazu dienen, die Menschen sowohl als Individuen als auch in der Gemeinschaft zu Gott zu führen – denn die Begegnung mit IHM verändert Menschen. Mit diesen Überlegungen kann man die Sammlungs- und Sendungsbewegung zu Gott hin und von ihm weg beschreiben. Diese Doppelbewegung ist letztlich Evangelisierung[57].
   Auch kann das theozentrische und anthropozentrische Handeln durchaus als Ausführen der beiden Hauptgebote (s. Lk 10,27) gesehen werden.
2. Dass sich dies in unterschiedlicher Weise ausdrücken kann (eher am Hl. Geist und seinem offen sichtbaren Wirken orientiert – also mehr charismatisch/pneumatozentrisch – in Toronto und in Redding; eher sakramental orientiert in Baltimore) zeigt eine mögliche Vielfalt des Lebens dieser Kultur auf. Wie Beispiele katholischer Evangelisierung zeigen, können sich beide genannten Weisen ebenso kombinieren lassen[58].
3. Theo- und Anthropozentrik im gerade beschriebenen Sinn sind auch der Grund, warum in allen drei Orten für die Gottesdienste ein großer Aufwand betrieben wird.

---

[56] SILK, D.: *Kultur*, S. 26.
[57] Vgl. hierzu auch GS 93.
[58] Hierzu s. www.fearlessdocumentary.net (aufgerufen am 08.04.2022, 21.47 Uhr).

4. Zur Willkommenskultur gehört ebenfalls die Infrastruktur, die dazu dienen soll, dass sich Menschen wohlfühlen (z. B. bequeme Bänke in Baltimore, Café, gute Sound- und Lichtanlage, Bildschirme für den Text zum Mitsingen).

5. Die Bedeutung moderner Musik, wobei durchaus ein Mix mit älteren Liedern möglich ist, ist ein weiterer Faktor für die sehr fruchtbare Evangelisierung in den drei Gemeinden. Dazu ist es sehr wichtig, gute MusikerInnen zu haben/zu engagieren, damit die Qualität stimmt.

Mit Blick auf eine Inkulturation der englischen sakralen Musik auf unsere Verhältnisse in Deutschland fiel mir Folgendes auf: Englische Musik ist nicht immer leicht in Deutschland anzuwenden und ggf. auch gut zu übersetzen. Außerdem ist uns hier die Emotionalität, die in diesen Liedern ausgedrückt wird, zumindest im Kirchengesang eher fremd.

D. h., dass letztlich die englischen Lieder nur eingeschränkt oder gar nicht übertragbar sind (auch wenn viele Menschen in Deutschland Englisch sprechen können). Diese wirken meiner Meinung nach im Deutschen eher holprig – und Sprache solle ja laut Papst Franziskus ebenso ein Kanal für die Evangelisierung werden, um Gott den Menschen näherbringen zu können[59]. Dazu bräuchte es dann aber eine andere Ausdrucksweise (Stichwort Inkulturation – hier von Nordamerika nach Deutschland). Gleiches gilt für die Gebetsformulierungen.

6. Ebenso von Bedeutung sind gehaltvolle und durchaus längere Predigten. Dabei zeigte es sich während meines Besuches, dass es nicht unbedingt eine Predigtreihe sein muss, um Menschen anzuziehen. Auch ist es nicht unbedingt wichtig, ob ein Prediger in überschwänglicher Art oder eher ruhig predigt.

7. Eine Pfarrei muss nicht zwangsläufig charismatisch werden, um heutzutage anziehend auf Menschen zu sein.

8. Die Gemeinden hatten ihr Mission-Statement, sprich: ihre Zielvorgabe.

9. Alle drei Gemeinden waren sich bewusst, dass sie eine bestimmte Zielgruppe von Menschen ansprechen.

---

[59] Vgl. hierzu EG 27.

10. Das Ansprechen von Menschen kann unterschiedlich geschehen (z. B. durch persönliche Werbung; Alphakurse wurden zwar nicht verwendet, aber sie sind ebenso eine Möglichkeit).

11. Es ist wichtig, ein möglichst einfaches System der Jüngerschaft zu haben. Kleingruppen gelten dabei als wichtige Anker. In ihnen findet z. B. auch für Erwachsene die Vertiefung im Glauben statt oder die Sorge der Menschen füreinander. Die Dienste, in denen sich die Menschen engagieren können, können sich von denen in einer „normalen" Pfarrei unterscheiden.

12. Die Gemeinden engagieren sich ebenso in ihrem sozialen Umfeld und wollen es verändern.

13. Wichtiger Bestandteil der Arbeit in den Gemeinden ist eine sehr gute Glaubensvermittlung (Katechese) an Kinder und Jugendliche – bei den Kindern auch parallel zum Erwachsenengottesdienst.

14. Die Pastoren/Pfarrer müssen nicht immer direkt für die Gläubigen erreichbar sein. Da die Kleingruppen den Hauptteil der Seelsorge füreinander übernehmen, ist dies aber nicht so sehr wichtig.

Soweit die Erfahrungen und Erkenntnisse aus meinen Besuchen in den drei Gemeinden *Catch the fire Church*, *Church of the Nativity* und *Bethel Church*.

4. Weitere Themen für die Neuevangelisierung aus meiner Reise

Im Verlauf meiner Reise nach Nordamerika bin ich durch meine Erlebnisse auch außerhalb meiner Besuche in den drei behandelten christlichen Gemeinden auf unterschiedliche Themen gestoßen, die für die Neuevangelisierung von Interesse sein können. Diese möchte ich in den folgenden Unterkapiteln aufführen und ggf. kommentieren.

Dabei geht es allerdings nicht um eine vollständige Ausarbeitung der jeweiligen Themen. Vielmehr handelt es sich um Impulse, die sich aus konkreten Reiseerfahrungen ergeben haben.

4.1 „Vorhöfe" – Methoden, um Menschen von „draußen" zu Gott zu holen

Dieses Kapitel befasst sich mit allem, was zum Vorfeld der eigentlichen Evangelisierung gehören kann. Es sind Methoden, damit Menschen mit einer Pfarrei oder Gott erst in Berührung kommen können (wobei diese Dinge letztlich in Bezug auf die Mitglieder ebenso nützlich sein können).

Als erstes sind die **Anknüpfungspunkte** in der jeweiligen Kultur als Hilfen für die Evangelisierung nicht zu unterschätzen. Was in Nordamerika sehr auffällt, ist die Hilfsbereitschaft der Menschen und die Gelassenheit – eigentlich sind das auch christliche Werte, die im Zuge der Neuevangelisierung verbreitet werden können und an die in Gesprächen mit den Menschen angeknüpft werden kann.

Außerdem sollten die Evangelisierenden nie unterbewerten, wie sehr unser Glaube doch in vielfältiger Weise auf Menschen Ausstrahlung besitzen kann. Das habe ich einerseits dadurch erlebt, dass selbst Menschen aus Nordamerika auf dem europäischen Jakobsweg pilgern. Andererseits beschäftigt die Bibel diverse Leute, bei denen es zunächst nicht offensichtlich erscheint (ich habe z. B. einen Obdachlosen kennengelernt, der sich mit der Bibel auseinandersetzt).

Die **Chancen, die der Einsatz von modernster Technik bietet** (s. bspw. *Abb. 14* – auch sei verwiesen auf die 360°-Kamera bei *Bethel*), können i. S.

einer Möglichkeit zur Werbung eine Überlegung im Zuge der Neuevangelisierung wert sein. Denn damit können ebenso Menschen erreicht werden, die (noch) nicht in eine christliche Gemeinde gehen (möchten). Auch können die Evangelisierenden so eher Menschen erreichen,

Abb. 14: Moderne Technik – Projektionskugel im Maryland Science Center, Baltimore

die ihre Welt immer mehr durch einen Bildschirm betrachten und damit vieles drumherum nicht wahrnehmen (bzw. die Welt durch den Bildschirm gefiltert wahrnehmen).

Abgesehen davon konnte ich in vielfältiger Weise feststellen, dass **Attraktionen** wirklich *anziehend* (lat. *attractus*) sind. Für mich lässt dies zwei Dinge erkennbar werden: 1. Der Herdentrieb spielt durchaus bei den Menschen eine Rolle. 2. Zu wem/was Menschen eine Beziehung haben, dorthin gehen sie. Ich stelle mir diesbezüglich die Frage, wie es sich mit der Beziehung von Menschen zur Kirche (ich meine damit auch zu Gliedern der Kirche) und zu Gott verhält? Sicherlich können die Beziehungen zu einem Gemeindemitglied oder, wenn jemand in einer Pfarrei näher dabei ist, die Beziehungen innerhalb von Kleingruppen, helfen, nicht nur zur Pfarrgemeinde, sondern ebenso zu Gott eine stärkere Beziehung zu knüpfen.

Zur *Attraktivität* gibt es weiterhin noch folgende Feststellungen zu tätigen: Von modernen, schön gestalteten Einkaufstempeln kann man für einen Kirchenbau sicherlich etwas lernen. Die Basilika war ja bei den Römern ursprünglich ebenso eine Markthalle.

Kirchenarchitektur kann letztlich anziehen oder abstoßen – m a. W.: Schönheit und damit Attraktivität von Gotteshäusern ist wichtig für die Evangelisierung.

Weiterhin zum Themenkomplex der Attraktivität zählt die *Willkommenskultur*. Über das, was ich oben im Verlauf des 3. Kapitels dazu geschrieben habe, hinaus möchte ich dazu Folgendes festhalten:

Hier geht es bereits um das Kontaktknüpfen mit Menschen: Evangelisierung kann mit einem sehr aktiven Zugehen auf Menschen verbunden werden oder mit Infoständen oder Werbetafeln vor der Kirche mit dem Namen der Pastoren, ggf. weiterer Angestellter und den Gottesdienstzeiten mit ggf. dem Thema der Predigt – auch Banner (s. *Abb. 15*[60] und *16*) können hilfreich sein.

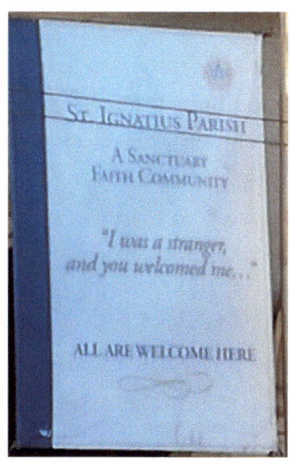

Abb. 15: Werbebanner an St. Ignatius, San Francisco (s. näher dazu Fußnote 60)

D. h., dass es unterschiedliche Wege der Einladung gibt, wobei die folgende Liste nur eine kleine Auswahl bieten will: Mund-zu-Mund-Propaganda (s. a. oben bei *Nativity*), direkte Einladung an Fremde (so eine Erfahrung vor dem Weißen Haus in Washington D. C.), ein anziehender Lebensstil einer Gemeinde (z. B. *CTF, Nativity, Bethel*), Alpha-Kurse (s. *St. Benedict*/Halifax[61]). In Redding gab es eine Pfarrmission der Pfarrei *Our Lady of Mercy* – übersetzt: *Unsere Frau der Gnade* –, die zur Belebung des Glaubens und der Pfarrei beitragen soll. Es soll ja auch Zeiten besonderer Evangelisierung geben[62].

Vielleicht ist es eine Möglichkeit, sich in einer Kirchengemeinde über die verschiedenen Einladungswege (ebenso die hier ungenannten) Gedanken zu machen, v. a. auch wenn einer / mehrere davon keinen Erfolg zu haben scheint/en.

---

[60] Über dem Eingang von St. Ignatius in San Francisco prangte über dem Eingang ein großes Plakat mit einem Bibelspruch aus Mt 25,35 (Übersetzung: S. J.): „Ich war ein Fremder und ihr habt mich **willkommen** [Heraushebung: S. J.] geheißen …" und dem Satz: „Alle sind hier willkommen!"

[61] Vgl. zu Alpha in St. Benedict z. B. MALLON, J.: *Divine Renovation*, S. 182-185. Der Vorteil besteht bei Alpha auch darin, dass die Gläubigen lediglich dazu einladen müssen (Mund-zu-Mund-Propaganda, ähnlich wie in *Nativity*).

[62] Vgl. hierzu KLERUSKONGREGATION: *Die missionarische Identität des Priesters*, S. 37.

Noch ein paar Überlegungen zur Willkommenskultur v. a. in Bezug auf Erst-
besucherInnen, wie ich es in verschiedenen Gottesdiensten erlebt habe: Die
Bekanntmachungen sind dort vor der Hl. Messe (ggf. am Ende der Messfeier
durch den Priester ergänzt) und es werden jedes Mal explizit diejenigen begrüßt, die zum ersten Mal und/oder als Besucher anwesend sind. Vor der Hl.
Messe wird man von einem Offiziellen freundlich willkommen geheißen.

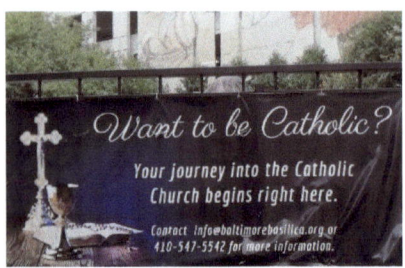

*Abb. 16: Werbebanner am Zaun der Basilika
von Baltimore („Wollen Sie katholisch werden?
Ihre Reise in die Katholische Kirche beginnt
genau hier. Kontaktieren sie…")*

Es gab in den Freikirchen nach den
Lobpreisliedern u. a. auch Zeit für ein
Gebet für die Erstbesucher (wer neu
war wie ich, wurde eingeladen aufzustehen, und Menschen um einen
herum wurden gebeten, für eine/n
Neue(n) zu beten). Von der Freikirche *Willow Creek*/Chicago wurde mir
Folgendes erzählt: Alle Neulinge wurden am Beginn des Gottesdienstes

eingeladen, sich zu erheben, und begrüßt. Dann wurde ihnen gesagt, dass sie
keine Spende in den Klingelbeutel werfen sollten, weil es der Gemeinde um
SIE ginge, nicht um das Geld.

Abgesehen davon: Dass sich Menschen im Gottesdienst(raum) wohlfühlen
sollten, ist m. E. ebenso ein Teil von Willkommenskultur. Für den katholischen Kontext gesprochen: *Nativity* hat z. B. gezeigt, dass es ebenso sehr bequeme Kirchenbänke sowohl zum Sitzen als auch zum Knien geben kann.

Zur Willkommenskultur gehört weiterhin, dass Menschen beim Gottesdienst
wissen, was wir/sie tun, um nicht die Orientierung zu verlieren.

Eine *aktuelle Sprache* in den offiziellen Gebeten ist ebenso bedeutsam, weil sie
so einfach verständlicher werden und besser mitgebetet werden können. Un-
umgänglich ist weiterhin, dass der Prediger gut zu verstehen ist und dass die
Predigt gut vorbereitet sein muss. Der Sprachgebrauch ist laut Papst Franziskus sowieso missionarisch auszurichten[63]. Dies bedeutet letztlich, dass wir
uns als ChristInnen nicht nur beim Gottesdienst, sondern auch sonst in der

---

[63] Vgl. hierzu EG 27 – s. a. bereits in anderem Zusammenhang oben im Schlussfazit des
3. Kapitels.

Verkündigung allgemein verständlich ausdrücken sollen, und nicht nur im kirchlichen Sprachgebrauch.

Die **Erfahrbarkeit des Glaubens** war ein weiteres Stichwort. Sogar Gott vielleicht in einer vollkommen neuen Weise zu erfahren (s. das Motto von *CTF* am *Attwell Centre* in *Abb. 1*: „ENCOUNTER GOD'S TRANSFOR-MING PRESENCE") kann für Menschen sehr prägend sein – damit wird es auch schwierig, seine Existenz zu leugnen, wie es Atheisten oder Agnostiker tun.

Gibt es dazu Wege? Ich denke von meinen Erfahrungen in Nordamerika her, dass das intensive Gebet für Menschen, auch mit Handauflegung oder Berührung an kranken Körperpartien (natürlich immer mit Einverständnis der Betroffenen!), einen sehr wichtigen Beitrag dazu leisten kann, Gott zu erfahren. Nicht umsonst sind die Sakramente immer mit einer Materie verbunden oder Segnungen mit Weihwasser; ggf. vermag auch für einen persönlichen Segen die Handauflegung verwendet zu werden. Für die Neuevangelisierung kann dies alles durchaus mitbedacht werden, gerade weil die Initiationssakramente sowie das Sakrament der Buße dafür wichtig sind[64].

Auch das Gebet um Heilung und die Prophetie (s. die Schilderung oben bei *Bethel*) können hier Wege der Erfahrbarkeit Gottes und des Glaubens sein. Wer schon mehr mit dem Glauben zu tun hat, kann ebenso um das Sprachengebet bitten.

---

[64] Vgl. HIRSCH, G.: *Neuevangelisierung*, S. 334.

4.2 Inkulturation

Wie bereits im Fazit zu *Bethel* festgehalten, gilt es die Kulturen mit dem Geist des Evangeliums zu durchdringen[65]. Die Gebiete der Kultur/die Kulturen können – wie in diesem Fazit beschrieben – unterschiedlich sein. Ich möchte hier noch ein wenig näher auf manche dieser Gebiete eingehen, die während meiner Reise Thema gewesen sind:

Hinsichtlich der **Bildung** ist es wichtig festzuhalten, dass wir als ChristInnen sowohl zu Hause als auch in Kindertagesstätten und Schulen gut im Geist des Evangeliums junge Menschen zu gläubigen, gut ausgebildeten ChristInnen erziehen.

Bei der Inkulturation kann es weiterhin darum gehen, die **Forschung** mit dem Evangelium zu prägen. Das kann z. B. bedeuten: Die Darbietung wissenschaftlicher Erkenntnisse vermag durchaus mit der Verkündigung unseres großen, mächtigen und kreativen Gottes verknüpft zu werden (selbst wenn dies in unserer Zeit nicht so en vogue ist).

Evangelisierung bedeutet weiterhin, verschiedene **andere Berufswelten** mit dem Geist des Evangeliums zu durchdringen – m. a. W., dass der Geist des Evangeliums die Kultur bestimmt, in der die Menschen dort arbeiten: Versicherungen, Banken, Museen, Schifffahrt, Nahrungsmittelbranche …
Dass die Inkulturation ebenso auf dem Gebiet der Gastronomie (Restaurants, Bars…) geschehen kann, zeigt das folgende Restaurant-Beispiel: *In-n-out Burger* ist eine christliche Burger-Kette, bei der z. B. Bibelverse auf der Verpackung stehen. Hier wird Evangelisierung mit einem Geschäftsmodell verbunden.
Auch die Institutionen sollen von den christlichen Angestellten mit dem Geist des Evangeliums durchdrungen werden. Andererseits brauchen alle Institutionen das Gebet der ChristInnen im Gottesdienst.

---

[65] Vgl. EN 20.

Weiterhin geht es bei der Inkulturation um die **Verwandlung der eher künstlerischen Bereiche** durch das Christentum:

Auf dem Gebiet der *Architektur* merkt man in den USA z. B. Folgendes: An der Kirche St. Ignatius in San Francisco bspw. ist zwar von der Architektur her die Herkunft des Christentums aus Europa erkennbar, aber dennoch sieht man den Stil der Neuen Welt. So inkulturiert sich das Christentum ebenso mittels Architektur (und kann sogar die profane Architektur beeinflussen, wie z. B. das Capitol in Washington D. C. zeigt).

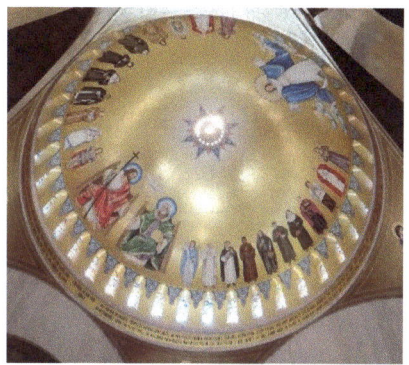

Abb. 17: Darstellung u. a. moderner Heiliger, Basilica of the National Shrine of the Immaculate Conception, Washington D. C.

Die *Kunst* ist teilweise durch die Bibel wie auch durch die aktuelle Situation beeinflusst. So kann die Kunst m. E. durchaus ein gutes Mittel sein, um den Graben zwischen der Frohen Botschaft sowie der Kultur[66] schließen zu helfen. Was hier in den Kirchen auffällt, sind neben den Darstellungen der *älteren* Heiligen der Kirche auch die *neuen* Heiligen: Mutter Teresa, Johannes Paul II…. (s. *Abb. 17*). Außerdem wird hier die Katholizität viel plastischer gelebt als in Deutschland (z. B. berühren die Leute die Heiligenfiguren und Bilder).

Ein weiteres künstlerisches Gebiet der Inkulturation ist die *Musik*. Diese kann Menschen verbinden und Heimat geben. Für die Musik gilt aber auch, dass sie durch ihr Dasein im Augenblick etwas von dem Sein Gottes hat, der ja immer ist (wie der Gottesname JHWH schon sagt). Ich denke, dass Musik sich gut als Mittel für die Evangelisierung eignet[67].

Mich beschäftigt allerdings wie T. Keller und K. Alsdorf die Tatsache, dass die christliche Musik eine Subkultur ist[68]. Schlussendlich gilt dies nicht nur

---

[66] Vgl. EN 20.
[67] Hierzu möchte ich auch z. B. auf MALLON, J.: *Divine Renovation*, S. 150f. verweisen.
[68] Ich möchte hier auf die Überlegungen von KELLER, T., ALSDORF, K.: *Berufung*, S. 185-187 verweisen.

für die modernen Lieder, sondern durch den Verfall der volkskirchlichen Strukturen ebenfalls für die älteren.

Dazu kommt: Bereits innerhalb der christlichen Konfessionen und Denominationen kann es schwierig sein, Musik zu übertragen. Zur Musik von *Bethel* wie auch allgemein zur Musik, die nicht im katholischen Kontext entstanden ist, kam mir – wie vor mir bereits J. Mallon – der Gedanke, dass vor einer Übernahme der Texte in einen katholischen Gottesdienst durchaus zu überprüfen ist, ob diese Texte dafür geeignet sind[69]. Als Beispiel für eine solche Verwendung möchte ich eine Hl. Messe in *St. Joseph*/Redding nennen: Dort sang ein Jugendchor u. a. *Bethel*-Lieder. Es war interessant, wie ganze Lieder (z. B. *This is amazing grace*[70]) oder auch Liedteile (bei der Gabenbereitung wurden die Strophen von *Goodness of God*[71] mit einem Kehrvers verbunden, der nicht zu diesem Lied gehört) in die Hl. Messe eingearbeitet wurden.

Ich denke weiterhin, dass bei der Evangelisierung nicht nur der Stil und der Inhalt eines Liedes Berücksichtigung finden müssen, sondern ebenso, dass dieses Lied in einer Weise gespielt wird, dass Menschen kein (Gehör-)Schaden zugefügt wird. Teilweise habe ich die modernen Lieder als zu laut erlebt, sodass sie keine Wohltat mehr waren und mich vom betenden Singen eher abgehalten haben.

Abgesehen davon ist mir die Liedauswahl in den katholischen Gottesdiensten in Redding aufgefallen: Neben ein paar Liedern, die wechselten, haben wir über drei Wochen hinweg immer dieselben Ordinariumslieder (also Kyrie, Gloria, Sanctus und Agnus Dei) gesungen. Unterstützt wurden die Lieder von einem Kantor – auch in anderen Orten gab es KantorInnen.

Kommen wir noch zu den **Inhalten** der Evangelisierung für die Inkulturation, die mir bei meiner Reise aufgefallen sind:

Dass die Bibel eine zentrale Stellung im (Selbst-)Evangelisierungsgeschehen hat, zeigt Papst Franziskus z. B. in *Evangelii gaudium* Nr. 174f. auf.

---

[69] Vgl. hierzu MALLON, J.: *Divine Renovation*, S. 149-151.

[70] Vgl. bspw. https://www.youtube.com/watch?v=GwU_6PYfzF0 (aufgerufen am 08.04.2022, 21.52 Uhr).

[71] Vgl. bspw. https://www.youtube.com/watch?v=IvSuGyJQ6oM (aufgerufen am 08.04.2022, 21.53 Uhr).

Für eine lebendige, aber auch fundierte Beziehung von Menschen zur Bibel und damit zu Gott und für eine wirkliche Begegnung (*encounter*) mit ihm durch die Hl. Schrift ist es jedoch m. E. wichtig, im Zuge der Verkündigung sowohl den historisch-kritischen Zugang als auch den lebendigen, geistlichen Zugang im Rahmen der Evangelisierung aufzuzeigen.

Dabei ist die Verkündigung des Kerygmas (= Erstverkündigung), dass Gott uns liebt, in Jesus Mensch wurde, für uns starb und nun als Auferstandener immer bei uns ist[72],letztlich Aufgabe aller ChristInnen. Diese Verkündigung soll in jegliche Art der Gottferne hinein geschehen.

Abgesehen davon kann das Evangelium in andere Kulturen – unter Wahrung seiner Wahrheiten – *flexibel* inkulturiert werden. Das gilt ebenso für Glaubenswahrheiten. Auf der anderen Seite kann versucht werden, die Werte einer Gesellschaft aufzugreifen und sie mit dem Evangelium zu durchdringen[73] (die Anglikanische Kathedralgemeinde in Toronto bietet Yoga-Treffen an – allerdings frage ich mich, inwieweit dies in der Evangelisierung einen Fortschritt zustande

Abb. 18: Inkulturation? Plakat für Yoga an der Anglikanischen Kathedralgemeinde, Toronto („Machen Sie Pause und dehnen Sie ihren Glauben ... Mittwochs um 12 Uhr, alle Level sind willkommen ... vorgeschlagene Spende 10 CAD")

bringt – s. *Abb. 18*). Damit kann auch die Kirche bei der Evangelisierung immer von der Kultur lernen, die sie evangelisiert.

Ein weiterer Punkt zu den Inhalten der Inkulturation ist der folgende: Das Evangelium vom Reich Gottes ist jeder Generation neu zu verkünden, da jede Generation immer ein erstes Mal mit ihm in Kontakt kommt. Wenn die

---

[72] Zum Kerygma vgl. EG 164. Ähnl. s. a. RM 16.
[73] Vgl. dazu RM 52 in Verb. mit RM 34. Zur Inkulturation s. a. EG 129 sowie GS 58.

Menschen dabei aber keine Auswirkung des Tuns der Kirche spüren, dann wird es schwierig, dass sie das Evangelium annehmen (egal ob das Engagement der Kirche jetzt für den Frieden, für ihre Arbeit/Familie usw. ist).

Helfen kann hier neben der Erfahrung des Glaubens in der oben beschriebenen Weise sicherlich das weite und vielgestaltige Gebiet[74] der Diakonia. Diese ist ein wichtiger Faktor in der Evangelisierung, wie ein Blick auf die Geschichte zeigt. Dabei ist mir durch ein Gespräch mit anderen eines deutlich geworden: Alles, was im helfenden Rahmen der Diakonia geschieht, sollte auch dafür genutzt werden, den Menschen davon zu erzählen, warum die Helfenden dies tun: Weil Jesus (= Gott) jeden Menschen liebt! Dies ist schon deswegen wichtig, weil die Diakonia ohne die Verbindung mit der Verkündigung letztlich nur etwas „von Mensch zu Mensch/humanistisch" ist, wie es in diesem Gespräch während meiner Reise hieß.

Weiterhin hilfreich und verändernd im Hinblick auf Menschen können menschliche Beispiele sein: Diese sind für die Evangelisierung wichtig, egal ob es einzelne eindrückliche Zeichenhandlungen von Menschen sind, die, wenn sie weitererzählt werden, ebenso andere bewegen/prägen können, oder ein ganzes Lebenszeugnis von Gläubigen. Die Frage mit Blick auf eine Pfarrei ist hier für mich: Wer sind innerhalb und außerhalb einer Pfarrei eindrückliche Vorbilder oder auch eindrückliche Geschehnisse, durch die das Evangelium für die Pfarreimitglieder *Fleisch geworden* ist/wird (m. a. W. *inkarniert* wird – oder noch anders gesagt: Jesus Christus greifbar wird)?

Die Heiligen können sicherlich ebenso ein Spiegel für das eigene Christsein sein und leuchtende, anziehende (attraktive) Vorbilder für andere. Allerdings gilt es, die Verbindung zu den Heiligen im Rahmen der Verkündigung (die nicht nur auf das gottesdienstliche Geschehen begrenzt sein muss, sondern auch im Rahmen von Gesprächen mit Menschen geschehen kann) herzustellen. Denn der Bezug zu den Heiligen ist nicht automatisch gegeben. Wenn wir in Europa vielleicht noch etwas z. B. mit der Hl. Hildegard von Bingen anfangen können, sind Europa und diese deutsche Heilige doch recht weit von Amerika entfernt.

---

[74] Vgl. WIENHARDT, TH.: *Qualität*, S. 39f.

Zur Inkulturation gehört noch als **Ziel** Folgendes: Es geht darum, Menschen zu Gott zu führen (daraus wird dann die Kirche aufgebaut). Dabei kann es in der Evangelisierung letztlich nicht nur darum gehen, dass Menschen einen stärkeren Glauben haben, sondern dass auch ihr Charakter (von Kindheit an) immer besser wird, sie also insgesamt als Menschen letztlich immer Jesus-ähnlicher werden[75] (ein rein äußerlicher christlicher Anstrich ist damit also letztlich nicht das Ziel der Evangelisierung). Anders gesagt: Es geht darum, dass alle ChristInnen ihre Berufung zur Heiligkeit, die sie nach dem II. Vatikanischen Konzil haben[76], immer mehr ganzheitlich leben. Dabei ist es für die ChristInnen wichtig, sich bewusst zu sein, dass sie durch die Taufe bereits neue Menschen sind (vgl. Kol 3,10).

Wer tiefer in die Beziehung zu Gott, in das Christentum und auch in die eigene Reifung einsteigen möchte, sollte nach Möglichkeit in einer Pfarrei die Unterstützung dazu erhalten. Gute Jugendarbeit ist hier z. B. schon viel Wert oder auch Erwachsenenbildung[77]. Aber ebenso können Predigten in Werktagsmessen dazu dienen.

Kommen wir nach der Inkulturation zu zwei weiteren Themen, denen ich auf der Reise begegnet bin und die mit der Evangelisierung zusammenhängen: Frieden und Gerechtigkeit. Ihnen ist das nächste Kapitel gewidmet.

---

[75] Siehe die Bücher SILK, D.: *Kultur* sowie SCAZZERO, P.: *Glaubensriesen – Seelenzwerge* (dort besonders S. 43 & 49-222).

[76] S. die Kirchenkonstitution *Lumen gentium* Kapitel Nr. 5 (= LG 39-42).

[77] Bei beidem kann *Nativity* ein Vorbild sein.

4.3 Frieden und Gerechtigkeit

Im Kontext der Evangelisierung geht es ebenso um die Schaffung von Frieden und Gerechtigkeit. Mir wurde hierzu im Verlauf meiner Reise Folgendes bewusst:

Bemühungen um **Frieden** zwischen Menschen sind eine Aufgabe im Rahmen des Wirklichkeitwerden-Lassens des Reiches Gottes (vgl. Röm 3,14). Dabei ist es in jeder neuen Generation eine neue Herausforderung, den Frieden zu erhalten bzw. wiederherzustellen. Um den Frieden zu erhalten, bedarf es ebenso der Bekämpfung des Bösen.

Abb. 19: Teil des Kriegerdenkmals für den II. Weltkrieg, Washington D. C.

Mit Blick auf Röm 3,14 ist das Reich Gottes auch dort, wo **Gerechtigkeit** herrscht. Das besagt z. B. Folgendes: Die Kirchen helfen Armen. Das kann sowohl persönlich sein als auch durch Hilfe in der Form, dafür zu sorgen oder Einfluss zu nehmen, dass das soziale System eines Landes für alle ein angemessenes Leben ermöglicht. Zusammenarbeit in einer anderen Weise, zum Schutz des Menschen, gibt es in Nordamerika überkonfessionell, und zwar gegen Abtreibung[78].

Mit dem Thema Abtreibung sind wir bereits bei einem Teilbereich der nächsten Thematik gelandet: der Schöpfung.

---

[78] S. a. kurz dazu Kapitel 4.7.

4.4 Schöpfung

Entsprechend den Erfahrungen auf meiner Reise geht es mit Blick auf die Schöpfung im Kontext der Evangelisierung um zwei Dinge: 1. Die Wahrnehmung der Schöpfung und damit ihres Schöpfers, 2. Das Handeln zugunsten der Schöpfung:

Abb. 20: Niagarafälle

Die **Schönheit der Schöpfung** (Pflanzen, Tiere, Menschen, Sterne usw.) lässt auf die Schönheit Gottes schließen. Anhand der Niagarafälle (s. *Abb. 20*) gingen mir gleich mehrere Aspekte zum Bezug von Schöpfung und Gott auf:

- Die Macht des Wassers verweist auf Gottes Macht und Größe.
- Dies kommt ebenso zum Ausdruck, wenn Gott lauter als jegliches Wassergetöse ist, wie es im Psalm 29,3 heißt.
- Die lebendigen Wasser geben Zeugnis von der Lebendigkeit nicht nur der Schöpfung, sondern v. a. von der Lebendigkeit unseres Gottes.
- Als Viertes wurde mir dort die Erhabenheit Gottes nochmals deutlich.

Am Pazifik fiel mir ein, dass Gottes Gnade so unfassbar groß ist (sogar noch größer als dieser riesige Ozean) und wir immer daraus schöpfen können.

Der **Schutz der Schöpfung** soll im Zuge der Evangelisierung ebenso stattfinden – mit Worten[79] und Taten. Hier kann die Kirche auch mit örtlichen Institutionen und Vereinen zusammenarbeiten.

Apropos Zusammenarbeit, Zusammenhalt u. ä.: Die Ökumene war immer wieder Thema während meiner Reise. Bereits oben im 3. Kapitel hatte ich etwas dazu geschrieben. Diese Ausführungen sollen nun ergänzt werden.

---

[79] Zum Thema Verkündigung des Evangeliums und Schöpfung vgl. Mk 16,15; Kol 1,23.

4.5 Ökumene

Die Ökumene ist ein bedeutsames Thema für die Evangelisierung. Zum einen ist die Einheit aller ChristInnen für den Glauben an die Sendung Jesu wichtig, wie Joh 17,21 feststellt. Gerade das ökumenische gemeinsame Zeugnis der ChristInnen hat nach kirchlicher Lehre auch große Kraft für die Evangelisierung[80]. Als ökumenisches Zeichen vermag neben dem Vater Unser das Große Glaubensbekenntnis zu gelten.

Außerdem kann der ökumenische Dialog sowie die ökumenische Zusammenarbeit eine große Chance für die Evangelisierung der Welt sein:

Zum einen, wenn sich Menschen über Konfessionsgrenzen hinweg zu Themen austauschen. Das kann m. E. zur Stärkung der ChristInnen untereinander wie auch zur Stärkung des gemeinsamen Zeugnisses nach außen beitragen. Gott kann dazu über Konfessions- und Denominationsgrenzen hinweg Menschen versammeln.

Andererseits kann es ebenso eine gegenseitige Unterstützung und Ergänzung der Konfessionen und Denominationen im Zuge der Evangelisierung der Erde geben.

Aber noch ein Drittes ist wichtig, das letztlich als Hilfe für die Einheit wie ebenso dann schlussendlich für die Evangelisierung der ganzen Erde nützlich sein kann:

Auf meiner Reise habe ich oft mitbekommen, dass eine große Sehnsucht nach der christlichen Einheit existiert. Ich habe weiterhin gemerkt, dass gemeinsame Zusammenarbeit für das Reich Gottes von vielen als das höhere Gut angesehen und ersehnt wird, zugunsten dessen die Differenzen in der Lehre in den Hintergrund treten (d. h. nicht, dass sie verschwinden würden oder ignoriert würden!). Anders gesagt: Es geht also mehr um die praktische Ökumene. Dabei können wir uns als Katholische Kirche durchaus mit Selbstbewusstsein betrachten: Wir werden nämlich als wichtiger Partner und bedeutender Global Player gesehen.

Darüber hinaus sind Gebet, Wertschätzung, gegenseitige Entschuldigung und Versöhnung wie auch Verständnis *für*einander durch das Wissen

---

[80] Vgl. zu diesem Thema z. B. EN 77 sowie RM 1 & 50.

*um*einander wichtig (z. B. ging es während meiner Reise ebenso darum, dass man seinen Weg, Christsein zu leben, nicht dazu nimmt, um über die Anderen zu richten).

Es gilt hier Wunden zu heilen, die KatholikInnen anderen KatholikInnen zugefügt haben, aber auch um eine Versöhnung zwischen den Konfessionen und Denominationen.

Hilfreich kann im interkonfessionellen Dialog folgende Fragestellung sein: Haben wir auf allen Seiten eine Brille auf, die uns andere Menschen teilweise Jahrhunderte zuvor aufgesetzt haben? Hier könnte ein Schlüssel zur Annäherung und zur Einheit liegen. Gerade wenn man im Sinne des Ökumene-Dokumentes des II. Vaticanums *Unitatis redintegratio* denkt, können Wahrheiten auch als hierarchisch unterschiedlich einstufbar gelten[81]. Damit kann man m. E. unter der o. g. Fragestellung herausarbeiten, was auf allen Seiten wirklich unverzichtbare Wahrheiten sind und was im früheren Kontext durchaus wahr war, aber heute nicht mehr wahr ist, weil der Kontext anders ist. Von welchen Ansichten müssen sich Konfessionen/Denominationen demzufolge

Abb. 21: Episkopale Grace Cathedral, San Francisco

auch wirklich verabschieden? Im Zuge dessen kann sicherlich nach Prüfung das Gute behalten werden (s. 1 Thess 5,21). Maßstab bei dieser Prüfung soll der göttliche Wille sein (vgl. Röm 12,2).

Kommen wir nun zu allen, die sich in der Evangelisierung engagieren, und was meine Reise mir über sie und ihr Engagement gelehrt hat.

---

[81] Vgl. UR 11.

4.6 In der Evangelisierung Engagierte und ihr Engagement

Abb. 22: Kuppel der Basilika mit Hl. Geist-Symbol, Baltimore

Für die Evangelisierenden haben sich aus meinen Reiseerfahrungen heraus verschiedene **Voraussetzungen** ergeben: Einerseits müssen sie die Gedankenwelt der Bibel kennen, um sie auf heute in aktueller Weise übersetzen zu können (letztlich ist dies ein Akt der Selbstevangelisierung der Evangelisierenden).

Da der Hl. Geist eine Schlüsselposition in der Evangelisierung einnimmt[82], sollten die Evangelisierenden um ihn beten, aber auch selbst über ihn viel mehr erfahren. Dann bleibt er nicht abstrakt[83].

Ferner ist es wichtig, dass sich die Gläubigen bewusst sind, dass Jesus Christus wirklich in seinem Leib und Blut in der Hl. Eucharistie gegenwärtig ist und sie ihn ganz erfahren und in sich aufnehmen können. Die Erfahrung SEINER Gegenwart ist auf dem Hintergrund von *CTF* bzw. *Bethel* und den Erfahrungen Gottes dort durch Menschen ein wichtiger Aspekt; gerade auf dem Hintergrund dessen, was in *Bethel* über die Realpräsenz Jesu gelehrt wird, ist es wichtig, ob wir auch als KatholikInnen glauben, dass Jesus uns durch die Hl. Eucharistie sogar heilen kann.

In einem Vortrag in der *BSSM* wurde deutlich gemacht, dass Evangelisierung *nicht über etwas zu sprechen ist, sondern über jemanden zu sprechen, den man kennt:* Gott (oder: wie Jesus unser Leben berührt hat). Dies macht die Evangelisierung viel lebendiger. Auch ist die eigene Motivation der Evangelisierenden dann ebenso mehr von einem Eifer geprägt. Dass dieser bei der Evangelisierung wichtig ist, zeigt z. B. Papst Paul VI. in *Evangelii nuntiandi* Nr. 80.

Dabei geht es weiterhin nicht darum, dass sich Menschen im Zuge der Neuevangelisierung (mit ihrem Eifer) einen Namen machen (s. Gen 11,4 – der

---

[82] Vgl. dazu z. B. EN 75.
[83] Vgl. hierzu MALLON, J.: *Divine renovation*, S. 234-243.

Turmbau zu Babel). Vielmehr ist Gottes Werk zu tun, damit letztlich Menschen IHM die Ehre geben (s. a. Mt 5,16).

Mit Blick auf die **Pfarreiarbeit sowie darüber hinaus** gibt es folgende Überlegungen hinsichtlich der Evangelisierenden zu nennen:
Es gilt Laien in verschiedenster Weise in die Pfarreiarbeit noch mehr einzubinden (Stichwort vermag hier die Charismenorientierung zu sein). Hier kann die Frage lauten: In welche Dinge können Frauen und Männer ihre eigenen Ressourcen in einer Pfarrei investieren (also ressourcenorientiert, nicht aufgabenorientiert gedacht)?
Im Zuge der Evangelisierung der Kulturen (Politik, Kunst, Musik…[84]) ist die Frage, wie das kreative Potenzial von Menschen (Pfarreimitgliedern) bei der Evangelisierung genutzt werden kann, um die Kultur, in der sie tätig sind, mit dem Evangelium zu durchdringen, und so den Graben zwischen der Frohen Botschaft sowie der Kultur[85] schließen zu helfen. Als Frage formuliert (auch im Sinne des gabenorientierten Ansatzes): In welchen Bereichen sind Menschen unserer Pfarreien tätig, um dort hinein das Evangelium mit ihren Taten und Worten zu tragen?
Schaut man sich dies alles an, dann bieten die Charismen der einzelnen Personen insgesamt gesehen überall vielgestaltige und vielfältige Gelegenheiten, die Evangelisierung voranzubringen. Die gottgegebene Kreativität kann auf jeden Fall vieles bewirken.

Was mit dem Gebiet der **Liturgie** zu tun hat, ist ebenso Teil der Evangelisierung. Hierzu konnte ich die folgenden Beobachtungen machen:
Für die Feier eines Gottesdienstes ist die Bedeutung von liturgischer Kleidung für alle liturgischen Dienste nicht zu unterschätzen.
Das Fürbittgebet ist für die Evangelisierung wichtig[86]. In einer katholischen Messfeier kann es z. B. auch so sein, dass die Menschen am Anfang der

---

[84] Zu den verschiedenen Kulturen möchte ich an dieser Stelle ebenso auf Ausführungen in Kapitel 3.3 und 4.2 verweisen.
[85] Vgl. EN 20.
[86] EG 283.

Eucharistiefeier eingeladen werden, die anderen um sich herum zu begrüßen und sie ebenso als diejenigen zu betrachten, für die dann am Beginn der Für-

bitten in einer längeren Stille auch gebetet werden kann[87]. So wird das Gebet persönlich.

Apropos persönliches Gebet: Diese Art Gebet füreinander bewegt Menschen, sei es durch Einzelne, sei es ebenso durch ein Gebetsteam (*Ministry-Team*) – bis hin zum sog. *fire tunnel*, bei dem Menschen sich in zwei

Abb. 23: Basilika, Baltimore

Reihen gegenüberstehen, ihre Hände über diejenigen ausbreiten, die zwischen ihnen hindurchgehen, und für diese beten.

Inständiges Gebet als Pfarrei ist im Zuge der Evangelisierung ebenfalls wichtig und macht auch erfolgreich evangelisierende Pfarreien aus[88]. 24/7-Gebet (ewige Anbetung) ist ein guter Motor für die Evangelisierung.

Das Gebet ist weiterhin nötig, da mit der Evangelisierung und mit dem Pfarrleben auch der geistliche Kampf verbunden ist[89].

Inhalt des Gebetes kann Mehreres sein. Auf jeden Fall sollte es Jesu Auftrag entsprechen, Berufungen zu erbitten (vgl. Mt 9,38).

Gebet, Buße sowie Anbetung nennt zudem Papst Franziskus in seinem Brief *An das pilgernde Volk Gottes in Deutschland* als wichtige Aspekte für die Evangelisierung[90].

Am Ende dieses Kapitels möchte ich den Blick der Evangelisierenden noch auf die **Umstände** richten, unter denen die Evangelisierung stattfindet, und von meiner Reise aus gesehen dazu Folgendes festhalten:

Umgebungsbedingungen können die Evangelisierung beeinflussen. Doch es ist so, dass es mehrere Ansätze geben kann, diese durchzuführen. Die

---

[87] Ähnlich s. a. MALLON, J.: *Divine Renovation*, S. 188.
[88] Vgl. SIMON JR., W. E.: *Great*, S. 78.
[89] Dazu gibt es das Fundament in der Bibel z. B. in Eph 6,10-18. Papst Franziskus schreibt in GE 158f. etwas zu diesem Kampf.
[90] Vgl. FRANZISKUS: *Brief*, 12.

Umgebungsbedingungen und v. a. der Hl. Geist als Führender in der Evangelisierung zeigen hier den Weg. Vielleicht bringen die Umgebungsbedingungen nicht immer die von den Evangelisierenden erwarteten Ergebnisse hervor, aber andere, die einzigartig sind (letztlich geht es darum, dass Gottes Wille geschieht und nicht unser Wille mit den von uns erwarteten Ergebnissen).

In Deutschland gilt es kirchlicherseits einfach den Mut zu haben, zu den Menschen zu gehen und sie zu evangelisieren (hierzu kann das Selbstbewusstsein der amerikanischen KatholikInnen durchaus Kraft geben). Sicherlich: Übertreibt man dies, dann kann es zu religiösem Fanatismus werden. Dieser kann Menschen von Gott wegtreiben. Evangelisierung aber soll als Sammlungsbewegung Menschen zu Gott hinführen (und dann als Sendungsbewegung wieder zu den Menschen führen).

Kommen wir nun in einem letzten inhaltlichen Kapitel zu weiteren Themen, die sich im Rahmen meiner Reise für die Evangelisierung aufgetan haben.

4.7 Sonstige Impulse für die Evangelisierung aus meiner Reise

In den vergangenen Kapiteln fanden Feststellungen und Impulse zu mehreren Themenbereichen der Evangelisierung bereits ihren Platz. Während meiner Reise stieß ich auf weitere unterschiedliche Aspekte, die sich allerdings nicht wirklich den vorherigen Kapiteln zuordnen ließen. Ihnen soll dieses Kapitel gewidmet sein. Dabei möchte ich die Themen der Reihenfolge nach zumindest in etwa von der Christwerdung bis hin zur Vertiefung des Christseins spannen.

Mir ist auf meiner Reise sehr deutlich geworden, dass die Nationalität letztlich kein Kriterium ist, um ins Reich Gottes zu gelangen. Dafür kennt die Bibel andere Kriterien (vgl. z. B. Mk 10,15).
Das Ganze bedeutet aber ebenso, im Zuge der Neuevangelisierung nicht an irgendwelchen Grenzen (Nationalität, Religion...) Halt zu machen, was ja auch der Sendungsauftrag Jesu nicht hergibt (vgl. z. B. Mt 28,19).
Das heißt wiederum, dass die Evangelisierung aller Völker[91] immer noch für die Katholische Kirche als Aufgabe gilt. Für diese Mission hat bspw. die *Lehrmäßige Note zu einigen Aspekten der Evangelisierung* der Glaubenskongregation deutlich gemacht, dass es nicht darum geht, Menschen den Glauben aufzuzwingen[92]!

Als evangelisierend im Sinne nach außerhalb des Christentums/Katholizismus ist in den USA v. a. das Programm der Taufvorbereitung von Jugendlichen und Erwachsenen zu nennen (genannt: RCIA = „Rite of Christian Initiation of Adults"[93]), die o. g. Willkommenskultur sowie eine starke Vorbereitung auf den Empfang der Sakramente.

---

[91] Vgl. hierzu AG 1.
[92] Vgl. GLAUBENSKONGREGATION: *Note*, 4f. & 8-10. Zur Religionsfreiheit s. a. bspw. RM 8.
[93] https://www.usccb.org/beliefs-and-teachings/who-we-teach/christian-initiation-of-adults (aufgerufen am 08.04.2022, 22.00 Uhr). „Ritus zur christlichen Initiation Erwachsener" (Übersetzung: S. J).

Letztere ist sehr wichtig. Bspw. ist die Hl. Messe in ihrer Symbolik eher schwer für nicht einge- weihte Menschen verständlich[94] im Vergleich zu einem relativ einfach aufgebauten Gottesdienst bei *Bethel*, der im Wesentlichen aus Musik und Predigt besteht.

Hier geht es als römisch-katholische Alternativen um das Stichwort *niederschwellige Angebote*. Es stand bei einer Diskussion unter uns KatholikInnen in Redding die Frage im Raum, wie Jugendliche zu gewinnen sind (ein möglicher Weg war die Musik),

Niederschwellig, jedoch ebenso für diejenigen ge- eignet, die dazugehören, ist ein Heilungsdienst (ich erinnere hier an die *Healing Rooms* bei *Bethel*). Die- ser könnte laut unserer Diskussion z. B. zuerst in

Abb. 24: Unsere Frau von Altötting, Basilica of the National Shrine of the Immaculate Conception, Washington D. C.

einem separaten und daher geschützten Raum mit für diesen Dienst geeig- neten Menschen etabliert werden, die ein vor Ort verantwortlicher Pfarrer oder jemand anderes aus der Gemeinde dafür anspricht.

Kommen wir noch zu ein paar Punkten, die uns **KatholikInnen** selbst be- treffen (aber ebenso für andere ChristInnen gelten können):

Es ist die Frage, wie wir als KatholikInnen unseren Glauben leben – also auch, wie die persönliche Beziehung zu Gott bei uns KatholikInnen aussieht – und ob dies anziehend auf andere Menschen ist.

Manchmal gilt es ferner die Frage zu stellen, wie wir ChristInnen uns teil- weise an diese Welt gewöhnt und uns eingefügt haben, obwohl wir als Gotteskinder Königswürde besitzen.

Gerade als ChristInnen können wir uns wiederum ebenso freuen und lachen, denn wir wissen, dass alles letztlich ein *happy End* haben wird

---

[94] Vielleicht kommen sich manche Kirchenbesucher in einer Messfeier ähnlich vor wie ich im Baseballstadion beim Spiel der *Toronto Blue Jays* gegen die *New York Yankees*. Man weiß zwar ein wenig/in etwa, worum es geht, aber nicht wirklich genug, um sich darin wie zu Hause zu fühlen.

(s. Offenbarung des Johannes) – und das können wir Menschen im Zuge der Neuevangelisierung durchaus mitteilen. Papst Franziskus legt ja auch in seinem Schreiben *Evangelii gaudium* anfangs einen Schwerpunkt auf die Freude, die das Evangelium – die *Frohe Botschaft* – bringt[95].

Ein weiterer Punkt ist mir noch deutlich geworden: Bei Änderungen ist es wichtig, sich bewusst zu sein, dass es nicht unbedingt am Alter liegt, ob Menschen diese ablehnen oder begrüßen. Darüber hinaus ist die richtige Zeit für Dinge (auf Griechisch gesagt also der *Kairos*) wesentlich.

Noch ein Wort zur *Katholischen Kirche in den USA* wie ich sie erfahren habe, aber auch wie sie mir erzählt wurde: Sie ist eher der sakramentalen Struktur verpflichtet und konservativ ausgerichtet. Es gibt einen Kirchenbesuch der KatholikInnen von ca. 30-50 % – sie suchen sich aber bewusst ihre Kirchen aus, zu denen sie gehen. Sehr stark ist das Engagement der KatholikInnen in der *pro-life-Bewegung* (also gegen Abtreibung). Der Oktober ist hier sehr intensiv diesem Thema gewidmet. Dieses wird, wie bereits weiter oben festgestellt, wiederum ebenso als Feld ökumenischer Betätigung gesehen (z. B. beteiligt sich ebenfalls *Bethel* daran).

Die Anzahl der Priesterberufungen ist in den USA bis jetzt relativ hoch, wobei auch in den Gemeinden sehr viel für die Priesterberufungen entsprechend der Aufforderung Jesu in Mt 9,38 gebetet wird. In Washington D. C. hat die Erzdiözese aber noch mit den Auswirkungen der Geschehnisse des Missbrauchsskandals unter dem vorherigen Kardinal zu kämpfen.

Abb. 25: Priesterseminar, Baltimore – dort durfte ich wohnen.

Ein letztes Thema möchte ich noch in diesem Kapitel ansprechen: Mir kamen Überlegungen zu den **riesigen Parkplätzen** für die Anzahl der Menschen, die zu *CTF*, *Bethel* oder auch *Nativity* in die Gottesdienste kommen. Im Prinzip wäre es bei Pfarreien durchschnittlicher Größe bei uns ähnlich, wenn alle Gläubigen den Gottesdienst besuchen würden. Dann gäbe es höchstwahrscheinlich ebenso Park-

[95] Vgl. EG 1-13.

platzprobleme. Aber wäre das letztlich schlimm? Ich denke, dass das zumindest eine mögliche – symbolhafte – Vision für die Neuevangelisierung ist[96].

Soweit die Ausführungen zu verschiedenen Themen, die sich im Zuge meiner Reise außerhalb meiner Besuche in den drei oben behandelten christlichen Gemeinden ergeben haben. Ich komme nun zu einem kleinen allgemeinen Schlussfazit.

---

[96] Symbolhaft deshalb, weil es nicht um die vollen Parkplätze geht, sondern darum, auf was diese vollen Parkplätze verweisen: Kirchen, die mit Menschen in unterschiedlichen Evangelisierungsstadien voll sind.

5. Kurzes Schlussfazit

Während meiner Reise kam ich mit vielen unterschiedlichen Themen in Berührung, die für die (Neu-)Evangelisierung auch hierzulande bedenkenswerte Impulse liefern können. Freilich benötigt es immer die Unterscheidung der Geister, was es wirklich hier braucht und was wirklich hier machbar ist. Das kann von Pfarrei zu Pfarrei unterschiedlich sein.

Anhand meiner Ausführungen wollte ich darüber hinaus erkennbar machen, auf wie vielen Gebieten Evangelisierung geschehen kann.

Zwei Dinge bewegen mich auch nach fast drei Jahren immer noch sehr, während ich dies hier schreibe:

Zum einen ist es die primäre Theozentrik der Gemeinden, die ich besucht habe: Wenn man zwei konzentrische Kreise zeichnen würde und die Themen dieser Gemeinden ihrer Wichtigkeit nach von innen nach außen aufschreiben würde, dann stände im inneren Kreis als Wichtigster der Dreifaltige Gott. Alle anderen Themen/Aktivitäten ordneten sich auf IHN hin und von IHM her. Ich möchte es nur als Frage stellen, welches Thema bzw. welche Themen wohl bei uns in Deutschland in den Pfarreien, in der Katholischen Kirche in Deutschland im inneren Kreis stehen würde(n) und welche außerhalb?

Zum Zweiten habe ich nicht nur feststellen, sondern v. a. auch erfahren dürfen, wie fassbar Gott sichtbar und unsichtbar handelt.

Quellenverzeichnis

1. Verwendete Quellen

Vorbemerkung: Im Quellenverzeichnis werden die Kurztitel aufgeschlüsselt.

Verwendete Bibelausgabe:

Die Bibel : *Einheitsübersetzung der Heiligen Schrift* / vollständig durchgesehene und überarbeitete Ausgabe. Stuttgart : Katholisches Bibelwerk, 2016 (ISBN 078-3-460-44000-5 Standardausgabe (blau)).

II. Vatikanisches Konzil:

AG = II. VATIKANISCHES KONZIL: Dekret über die Missionstätigkeit der Kirche *Ad Gentes*. In: BRECHTER, H. u. a. (HG.): *Lexikon für Theologie und Kirche*. Zweite, völlig neu bearbeitete Auflage / Das Zweite Vatikanische Konzil – Konstitutionen, Dekrete und Erklärungen Lateinisch und Deutsch, Kommentare – Teil III. Sonderausgabe. Freiburg i. Br. : Herder, 1968 (Bd. 14 der Sonderausgabe), S. 9-125.

GS = II. VATIKANISCHES KONZIL: Pastoralkonstitution über die Kirche in der Welt von heute *Gaudium et spes*. In: BRECHTER, H. u. a. (HG.): *Lexikon für Theologie und Kirche*. Zweite, völlig neu bearbeitete Auflage / Das Zweite Vatikanische Konzil – Konstitutionen, Dekrete und Erklärungen Lateinisch und Deutsch, Kommentare – Teil III. Sonderausgabe. Freiburg i. Br. : Herder, 1968 (Bd. 14 der Sonderausgabe), S. 241-592.

LG = II. VATIKANISCHES KONZIL: Dogmatische Konstitution über die Kirche *Lumen gentium*. In: BRECHTER, H. u. a. (HG.): *Lexikon für Theologie und Kirche*. Zweite, völlig neu bearbeitete Auflage / Das Zweite Vatikanische Konzil – Konstitutionen, Dekrete und Erklärungen Lateinisch und Deutsch, Kommentare – Teil I. Sonderausgabe. Freiburg i. Br. : Herder, 1966 (Bd. 12 der Sonderausgabe), S. 137-347.

UR = II. VATIKANISCHES KONZIL: Dekret über den Ökumenismus *Unitatis redintegratio.* In: BRECHTER, H. u. a. (HG.): *Lexikon für Theologie und Kirche.* Zweite, völlig neu bearbeitete Auflage / Das Zweite Vatikanische Konzil – Konstitutionen, Dekrete und Erklärungen Lateinisch und Deutsch, Kommentare – Teil II. Sonderausgabe. Freiburg i. Br. : Herder, 1967 (Bd. 13 der Sonderausgabe), S. 9-126.

Weitere lehramtliche Texte:

EG = PAPST FRANZISKUS: Apostolisches Schreiben *Evangelii Gaudium : über die Verkündigung des Evangeliums in der Welt von heute* / hg. vom Sekretariat der Deutschen Bischofskonferenz. Bonn, 2013 (Verlautbarungen des Apostolischen Stuhls Nr. 194).

EN = PAPST PAUL VI.: Apostolisches Schreiben *Evangelii Nuntiandi : über die Evangelisierung in der Welt von heute* / hg. vom Sekretariat der Deutschen Bischofskonferenz, Bonn, 1975 (Verlautbarungen des Apostolischen Stuhls Nr. 2).

FRANZISKUS: *Brief* = FRANZISKUS: *An das pilgernde Volk Gottes in Deutschland* / hg. vom Sekretariat der Deutschen Bischofskonferenz. Bonn, 2019 (Verlautbarungen des Apostolischen Stuhls Nr. 220).

GE = FRANZISKUS: Apostolisches Schreiben *Gaudete et exsultate* des Heiligen Vaters Papst Franziskus über die Heiligkeit in der Welt von heute / hg. vom Sekretariat der Deutschen Bischofskonferenz. Bonn, 2018 (Verlautbarungen des Apostolischen Stuhls Nr. 213).

GLAUBENSKONGREGATION: *Note* = KONGREGATION FÜR DIE GLAUBENSLEHRE: *Lehrmäßige Note zu einigen Aspekten der Evangelisierung* / vom

03.12.2007. Hg. vom Sekretariat der Deutschen Bischofskonferenz. Bonn, 2007 (Verlautbarungen des Apostolischen Stuhls Nr. 180).

KLERUSKONGREGATION: *Die missionarische Identität des Priesters* = KONGRE-GATION FÜR DEN KLERUS: Rundbrief *Die missionarische Identität des Priesters in der Kirche als eine Ausübung der tria munera innewohnende Dimension.* Vatikanstadt, 29.06.2010.

RM = PAPST JOHANNES PAUL II.: Enzyklika *Redemptoris Missio : über die fortdauernde Gültigkeit des missionarischen Auftrages* / hg. vom Sekretariat der Deutschen Bischofskonferenz, Bonn, 1990 (Verlautbarungen des Apostolischen Stuhls Nr. 100).

Sekundärliteratur:

BACKLUND, S.: *Empowerment* = BACKLUND, S.: *The culture of Empowerment : How to champion people* / with Phil Backlund and Melissa Amato. Steve Backlund : Ort unbek., 2016.

HIRSCH, G.: *Neuevangelisierung* = HIRSCH, G.: *Neuevangelisierung als Programm der Gemeinschaft Emmanuel.* Hamburg : Verlag Dr. Kovač, 2009.

HUNTLEY, R.: Einführung = HUNTLEY, R.: Einführung. In: HUNTLEY, R., MALLON, J.: *Wie Sie ihre Pfarrei freisetzen : Jünger gewinnen und Leiter ausbilden mit Alpha.* Grünkraut : D & D Medien, 2019, S. 11-18.

KELLER, T., ALSDORF K. L.: *Berufung* = KELLER, T., ALSDORF K. L.: *Berufung : eine neue Sicht für unsere Arbeit* / T. Keller mit K. L. Alsdorf. Gießen : Brunnen Verlag, 2018.

MALLON, J.: *Divine Renovation* = MALLON, J.: *Divine Renovation – Wenn Gott sein Haus saniert : von einer bewahrenden zu einer missionarischen Kirchengemeinde.* Grünkraut : D & D Medien, 2017.

RÖTTGER, D.: *Anders* = RÖTTGER, D.: *Es geht auch anders* : *Inspirationen aus der Kirche in Frankreich und den USA*. Paderborn : Bonifatius, 2017.

SCAZZERO, P.: *Glaubensriesen* = SCAZZERO, P.: *Glaubensriesen – Seelenzwerge* : *Geistliches Wachstum und emotionale Reife*. 7. Aufl., Gießen : Brunnen, 2015.

SILK, D.: *Kultur* = SILK, D.: *Kultur der Ehre* : *eine Übernatürliche Umgebung aufrecht erhalten* / Vorwort von Bill Johnson. Vaihingen/Enz : Grain-Press Verlag, 2011.

SIMON JR., W. E.: *Great* = SIMON JR., W. E.: *Great catholic parishes* : *a living mosaic* : *how four essential practices make them thrive* / William E. Simon Jr. Notre Dame, Indiana : Ave Maria Press, 2016.

THELEN, M. D.: *Biblical foundations* = THELEN, M. D.: *Biblical foundations for the Role of Healing in Evangelization* / foreword by Mary Healy. Eugene, Oregon : Wipf & Stock, 2017.

WHITE, M., CORCORAN, T.: *Rebuilt* = WHITE, M., CORCORAN, T.: *Rebuilt – Die Geschichte einer katholischen Pfarre* : *Gläubige aufrütteln, Verlorene erreichen, Kirche eine Bedeutung geben*. Graz : Pastoralinnovation, 2016.

WIENHARDT, TH.: *Qualität* = WIENHARDT, TH.: *Qualität in Pfarreien* : *Kriterien für eine wirkungsvolle Pastoral*. Würzburg : Echter, 2017 (Angewandte Pastoralforschung 3).

Internetquellen:

Vorbemerkung: Die Internetquellen wurden am 07.04.2022 und 08.04.2022 auf ihre Aktualität hin überprüft.

Internetquellen zur CTF:

- https://catchthefire.com/world-changers
  (aufgerufen am 07.04.2022, 21.50 Uhr).
- https://ctftoronto.com
  (aufgerufen am 07.04.2022, 21.35 Uhr).
- https://ctftoronto.com/about
  (aufgerufen am 07.04.2022, 21.40 Uhr).
- https://ctftoronto.com/airport
  (aufgerufen am 07.04.2022, 21.35 Uhr).
- https://ctftoronto.com/airport/faqs
  (aufgerufen am 07.04.2022, 21.40 Uhr).
- https://ctftoronto.com/catholic-church/?rq=catholic%20church
  (aufgerufen am 07.04.2022, 21.35 Uhr).
- https://ctftoronto.com/events
  (aufgerufen am 07.04.2022, 21.20 Uhr).
- https://ctftoronto.com/giving
  (aufgerufen am 07.04.2022, 21.50 Uhr).
- https://ctftoronto.com/lead
  (aufgerufen am 07.04.2022, 21.30 Uhr).
- https://ctftoronto.com/nextsteps
  (aufgerufen am 07.04.2022, 21.25 Uhr).
- https://www.catchthefire.com/integration
  (aufgerufen am 07.04.2022, 22.15 Uhr).
- http://www.relinfo.ch/toronto/info.html
  (aufgerufen am 07.04.2022, 21.50 Uhr).

- https://somtoronto.com
  (aufgerufen am 07.04.2022, 21.55 Uhr).
- https://somtoronto.com/leadersschool
  (aufgerufen am 07.04.2022, 22.15 Uhr).

Internetquellen zur Church of the Nativity:

- www.churchnativity.com
  (aufgerufen am 08.04.2022, 22.00 Uhr).
- https://www.churchnativity.com/about/
  (aufgerufen am 08.04.2022, 22.57 Uhr).
- https://www.churchnativity.com/app/
  (aufgerufen am 08.04.2022, 21.18 Uhr).
- https://www.churchnativity.com/membership/join/
  (aufgerufen am 08.04.2022, 23.10 Uhr).
- https://www.churchnativity.com/watch/small-groups/
  (aufgerufen am 08.04.2022, 22.53 Uhr).
- https://www.pastoralinnovation.org/
  (aufgerufen am 08.04.2022, 21.50 Uhr).
- https://www.rebuiltparish.com/
  (aufgerufen am 08.04.2022, 21.56 Uhr).
- https://youtu.be/FZ_qmlb-4tM
  (aufgerufen am 08.04.2022, 23.10 Uhr)

Internetquellen zur Bethel Church:

- https://bethelredding.com/weekends
  (aufgerufen am 08.04.2022, 21.50 Uhr).
- http://bethelsozo.com/
  (aufgerufen am 08.04.2022, 21.45 Uhr).
- https://www.bethelsozo.com/book-sozo
  (aufgerufen am 08.04.2022, 21.58 Uhr).

- https://bethelsozo.de/
  (aufgerufen am 08.04.2022, 22.00 Uhr).
- https://www.betheltransformationcenter.com/start
  (aufgerufen am 08.04.2022, 21.58 Uhr).
- https://www.facebook.com/TentAmerica/
  (aufgerufen am 08.04.2022, 21.46 Uhr).
- www.bethelredding.com
  (aufgerufen am 08.04.2022, 21.45 Uhr).
- www.fearlessdocumentary.net
  (aufgerufen am 08.04.2022, 21.47 Uhr).
- https://www.youtube.com/watch?v=GwU_6PYfzF0
  (aufgerufen am 08.04.2022, 21.52 Uhr).
- https://www.youtube.com/watch?v=IvSuGyJQ6oM
  (aufgerufen am 08.04.2022, 21.53 Uhr).

Sonstige Internetquellen:

- *Reiseblog Sven Jast:*
  https://kanadaundusa.jimdofree.com
  (aufgerufen am 08.04.2022, 21.59 Uhr).
- *RCIA (Taufvorbereitung für Jugendliche und Erwachsene):*
  https://www.usccb.org/beliefs-and-teachings/who-we-teach/chris-tian-initiation-of-adults (aufgerufen am 08.04.2022, 22.00 Uhr).

2. Verweise

- *Catholic Charismatic Center* in Houston/Texas (USA):
  https://cccgh.com/
  (aufgerufen am 08.04.2022, 22.08 Uhr).
- *Catholic Revival Ministries:*
  www.catholicrevivalministries.com
  (aufgerufen am 08.04.2022, 22.10 Uhr).

- *Encounter Ministries*:
  https://encounterministries.us/
  (aufgerufen am 08.04.2022, 22.15 Uhr).
- Gemeinschaft *Cor et Lumen Christi*/Großbritannien:
  http://www.coretlumenchristi.org/
  (aufgerufen am 08.04.2022, 22.16 Uhr).
- *Go 2020*:
  https://www.gomovement.world/en/go2020continues
  (aufgerufen am 08.04.2022, 22.22 Uhr).
- *Igniting hope (Steve Backlund)*:
  https://www.ignitinghope.com
  (aufgerufen am 08.04.2022, 21.23 Uhr).
- *Revive Documentary* (Dokumentarfilm):
  https://revivedocumentary.com/
  (aufgerufen am 08.04.2022, 22.25 Uhr).

Danksagung

An dieser Stelle möchte ich meinen Dank in verschiedene Richtungen aussprechen:

Zum einen an unseren Dreifaltigen Gott selbst, dass ER mich diese vielen wunderbaren Erfahrungen in Nordamerika hat machen lassen. Ihm und allein zu SEINER Ehre – Soli Deo Gloria – ist dieses kleine Büchlein auch gewidmet.

Zum Zweiten meinen Eltern, die mich so viel in meinem Leben unterstützt haben.

Zum Dritten meinem Heimatbischof Dr. Gebhard Fürst, der mir die Erlaubnis zum Sabbathalbjahr erteilt hat.

Zum Vierten bin ich allen Menschen, denen ich begegnen durfte und die mich sehr freundlich aufgenommen haben (auch v. a. die Nichtkatholiken und nicht katholischen Gemeinden), unendlich dankbar!

Allen genannten Menschen ein ganz herzliches „Vergelt's Gott!"

Sven Jast im April 2022